CUISINIÈRE FRANÇAISE.

Imprimerie de Marchand Du Breuil,
rue de la Harpe, n° 90.

LA BONNE

CUISINIÈRE·FRANÇAISE,

ou

L'ART DE LA CUISINE

MIS A LA PORTÉE DE TOUS LE MONDE

ET APPROPRIÉ

AUX PROGRÈS DES LUMIÈRES,

Contenant les meilleurs procédés de l'art de la cuisine,
et accompagné d'un traité sur la patisserie, l'office,
la composition des liqueurs de toutes espèces, etc.,etc.
Nouvelle édition, augmentée d'un grand nombre de
recettes nouvelles très importantes.

PAR M. **H. CHARDELLY**,

ANCIEN CHEF DE CUISINE
de l'ambassadeur de Naples.

PARIS,

CHEZ **PHILIPPE**, LIBRAIRE,

RUE DAUPHINE, N.º 20.
1833.

LA BONNE

CUISINIÈRE FRANÇAISE.

DES POTAGES.

Bouillon gras ou grand Bouillon.

La viande que l'on emploie pour faire le bouillon gras est celle du bœuf. Les parties les plus succulentes du bœuf sont la culotte, la pièce d'aloyau, la poitrine, la noix et la sous-noix ; les pièces les plus présentables, la culotte et l'aloyau. Lorsque la viande a écumé, on sale le bouillon, et on garnit la marmite de carottes, panais, navets, poireaux, oignons brûlés, céleri, un ou deux clous de girofle ; puis on fait bouillir doucement jusqu'à ce que la viande soit cuite. On passe ensuite le bouillon dans un tamis ou une serviette, et on le laisse reposer pour s'en servir à ce que l'on juge à propos.

Potage au Riz.

Prenez, pour quatre personnes, un quarteron de riz bien épluché : lavez-le quatre à cinq fois à l'eau tiède en le frottant bien, puis à l'eau froide : vous le mouillerez à grand bouillon, pour que votre riz ne se mette pas en bouillie ; vous le ferez bouillir pendant deux heures à petit feu. Tâchez que votre bouillon ne soit pas trop salé, à cause de la réduction. Pour qu'il acquierre une belle couleur, vous y mettrez une demi-cuillerée de jus de veau. Le riz de la Caroline est le meilleur pour la cuisine.

Au Vermicelle.

Vous aurez de bon bouillon, vous le ferez bouillir ; lorsqu'il bouillira, vous y mettrez votre vermicelle de manière qu'il ne soit pas en paquet : quand il aura bouilli une demi-heure, vous le retirerez, afin qu'il ne soit pas trop crevé et que votre potage soit bien net. Il faut même quantité de vermicelle que de riz.

A la Semoule.

Mettez du bouillon dans une casserole ; quand il bouillira, vous verserez votre semoule dans votre bouillon tout bouillant ; tournez-le avec une grande cuillère pour que votre semoule ne s'attache pas ni ne forme de grumeaux : au bout d'une demi-heure vous la retirerez, si elle se trouve cuite. Dégraissez votre potage. En cas qu'il soit trop pâle, colorez-le avec du jus de veau pour qu'il ait une belle couleur. Tâchez qu'il soit de bon goût et de bon sel.

Aux Choux.

Faites blanchir une demi-heure, dans l'eau bouillante, une moitié de chou ; puis vous le rafraîchirez, vous l'égoutterez, et vous le ficelerez : mettez-le alors dans une marmite avec un morceau de petit lard coupé en tranches tenant à la couenne, que vous ficelerez également. Baignez le tout de bouillon. Les choux et le lard cuits, vous les retirerez du bouillon. Vous jeterez dans le bouillon des croûtes que vous laisserez tremper quelques instans. Vous placerez les choux et le lard autour du potage ou simplement dessus. Salez peu le bouillon à cause du lard.

Purée de Lentilles.

Vous prendrez un demi-litre de lentilles ou plus, selon que vous voudrez faire de purée : épluchez-les, lavez-les, et faites-les cuire dans du bouillon : ensuite vous les passerez au tamis et vous assaisonnerez votre purée.

Purée de Pois ou Verte.

Cette purée se fait de même que la précédente, à la seule différence que, quand les pois sont cuits, on y mélange du persil et des queues de ciboule qu'on fait blanchir et qu'on pile et passe avec la purée pour la verdir.

Potage aux Croûtes.

Vous mettez des croûtes de pain sur un plat d'argent ; vous les mouillez avec du bouillon non dégraissé ; vous faites mitonner vos croûtes jusqu'à ce qu'il se forme au fond du plat un petit gratin ; vous égouttez la graisse qui reste, et vous mettez votre purée de lentilles ou de pois, celle enfin que vous aurez.

Aux Concombres.

Après les avoir coupés proprement, mettez-les cuire dans du bouillon que vous colorerez avec du jus de veau : quand vous les jugerez cuits, vous les ôterez du bouillon, que vous laisserez encore mijoter quelques instans, en y ajoutant un peu de nouveau bouillon. Assurez-vous si votre potage est de bon sel et garnissez-le de vos concombres.

A la Purée de Marrons.

Ayez, selon la grandeur de votre potage, cinquante ou cent marrons ; ôtez-leur la première écorce, puis mettez-les dans l'eau ; laissez-les sur le feu jusqu'à ce que l'eau frémisse ; retirez-en pour voir si la peu se lève (comme si c'étaient des amandes) ; après les avoir épluchés de manière qu'il ne reste pas du tout de seconde peau, vous en garderez vingt-quatre entiers, et vous pilerez le reste : vous mettrez tremper dans du bouillon un morceau de mie de pain tendre, pesant un quarteron , que vous pilerez avec vos marrons. Quand le tout sera bien écrasé, vous le délaierez avec du bouillon chaud , puis vous le passerez à l'étamine; vous mettrez votre purée sur le feu , en observant de la tenir assez claire pour que votre potage ne soit pas trop épais; vous la verserez sur des croutons passés dans le beurre, au moment de servir, et vous y mettrez vos vingt-quatre marrons. Tâchez que votre potage soit de bon sel. On peut aussi faire ce potage en maigre, en prenant du bouillon maigre au lieu de bouillon gras. (Voyez *Bouillon maigre.*)

Aux Herbes.

Prenez oseille, laitue, cerfeuil, pourpier , un peu de céleri coupé en filets; épluchez et lavez bien ces herbes; ajoutez-y une carotte et un panais coupés en petits filets : mettez cuire le tout avec du bouillon et un peu de jus de veau ; servez ensuite vos herbes au naturel, dans le potage, sans faire de garniture.

On peut, si on veut, masquer les potages de diverses sortes de viande, telles que chapon, poularde, gros pigeons, canard, jarret de veau. La manière de faire cuire ces volailles est la même pour toutes; on leur retrousse les pattes dans le corps, on les fait blanchir un instant, et on ne les laisse dans la marmite que le temps nécessaire pour la cuisson, parce qu'une volaille trop cuite n'est pas estimée. On s'assure qu'elle est à son point de cuisson en la tâtant; si elle fléchit sous les doigts, elle est bonne à servir. On sert les volailles au milieu des potages ou dans un plat pour hors-d'œuvre, avec un peu de bouillon et du gros sel par - dessus. Quand on fait usage de jus pour les potages, on doit préférer celui de veau à celui de bœuf, parce que le premier est rafraîchissant et plus léger. Fait avec soin, sans trop d'oignons et attaché à très petit feu, il n'est point contraire à la santé.

Bouillon maigre.

Vous mettrez dans une marmite ou une casserole, dix carottes coupées en lames, autant de navets, d'oignons, deux pieds de céleri, deux laitues entières, une petite poignée de cerfeuil, une moitié de chou coupé en filets, un panais aussi coupé, le tout avec une demi-livre de beurre; vous verserez une chopine d'eau sur vos légumes que vous ferez bouillir jusqu'à ce qu'ils soient réduits à glacer, c'est-à-dire jusqu'à ce qu'il n'y ait plus d'eau dans votre marmite, et que vos légumes frissonnent un peu avec le beurre; vous remplirez alors votre marmite d'eau, dans laquelle vous mettrez un litron de pois, deux clous de girofle, du sel, du poivre, assez pour que votre bouillon soit d'un bon assaisonnement. Quand votre marmite aura bouilli trois ou quatre heures, vous passerez votre bouillon au tamis. Avec ce bouillon, vous pouvez faire en maigre presque tous les potages.

Potage Printanier.

Prenez un litron de pois nouveaux, du cerfeuil, du pourpier, de la laitue, de l'oseille, trois ou quatre oignons, une pincée de persil, un morceau de beurre : faites bouillir le tout et passez-le en purée claire : mettez mitonner le potage avec trois quarts du bouillon; délayez dans l'autre quart six jaunes d'œufs; faites-les lier sur le feu, et versez votre liaison dans votre potage à l'instant de servir. Sachez s'il est de bon goût.

Soupe à l'Oignon.

Vos oignons épluchés, vous coupez la tête et la queue. Vous faites fondre dans une casserole un morceau de beurre, vous y mettez vos oignons coupés en lames; vous les faites frire ou roussir jusqu'à ce qu'ils soient blonds; vous mettez de l'eau suffisamment pour votre potage avec du sel et du poivre fin, et le laissez bouillir un quart d'heure. Versez votre bouillon sur le pain et servez.

Potage aux Choux maigres.

Vous émincerez la moitié d'un chou (évitez d'y mettre les cotons); vous le passerez avec un bon morceau de beurre (selon la quantité de chou); quand il sera bien passé, qu'il commen-

cera à blondir, vous le mouillerez avec de l'eau ;
vous y mettrez du sel, du gros poivre, et laisserez bouillir votre potage trois quarts d'heure ou
une heure, jusqu'à ce que votre chou soit cuit.
Au moment de servir, versez votre potage sur
votre pain.

Aux Poireaux.

Il faut couper les poireaux à un pouce de
long, puis en filets. Quand vos poireaux seront
frits de façon à ce qu'ils soient un peu blonds,
vous mouillerez votre potage avec de l'eau,
vous y ajouterez un peu de canelle, du sel, du
gros poivre ; vous laisserez bouillir le tout une
demi-heure : au moment de servir, vous verserez votre bouillon sur votre pain.

Aux Pommes de terre.

Pelez les pommes de terre, mettez-les cuire
dans de l'eau jusqu'à ce qu'elles soient en purée,
et passez-les dans une passoire ; fricassez la purée avec du beurre, du persil et de la ciboule
hachés, du sel et du poivre ; mouillez avec de
l'eau dans laquelle ont cuit les pommes de terre,
ce qui fera le bouillon de votre soupe que vous
tremperez avec du pain.

Aux Croûtons ou à la Viennet.

Vous couperez des lames de mie de pain de
l'épaisseur de trois ou quatre lignes, puis vous
en formerez des carrés, des ovales ou des ronds
un peu plus grands qu'un petit écu : (telle
forme que vous donniez à votre mie de pain,
ayez soin que votre croûton ait toujours la même
épaisseur et la même grandeur.) Il en faut
vingt ou trente, selon la grandeur de votre po-

tage. Vos croûtons de mie taillés, mettez-les dans votre casserole avec un quarteron de beurre, et exposez la casserole sur un feu ardent : vous avez soin de toujours sauter vos croûtons jusqu'à ce qu'ils soient bien blonds ; alors vous les retirez de votre casserole, et les mettez égoutter sur un linge banc, puis vous les placez dans votre soupière : dix minutes avant de servir, vous versez sur vos croûtons une purée claire et bouillante, soit purée de navets, de carottes, de lentilles ou de pois, celle que vous jugerez à propos : ayez attention de mettre dans votre purée de légumes un petit morceau de sucre pour en détruire l'âcreté. Ce potage peut se faire au gras comme au maigre.

A la Citrouille ou Potiron.

Mettez dans une marmite, avec de l'eau, un quartier plus ou moins gros (selon que doit être votre potage) d'un potiron ou citrouille dont vous aurez ôté la peau et tout ce qui tient après les pepins, et que vous aurez coupé par petits morceaux : faites-le cuire jusqu'à ce qu'il soit réduit en marmelade et qu'il ne reste plus d'eau ; ajoutez y alors gros comme un œuf de beurre et un peu de sel ; faites-lui faire encore quelques bouillons : faites ensuite bouillir une pinte de lait ; mettez-y du sucre, ce que vous jugerez à propos ; versez ce lait sur votre potiron. Arrangez des tranches de pain dans votre soupière ; mouillez-les avec de votre bouillon de potiron ; laissez tremper votre pain quelques instans, et ajoutez le restant de votre bouillon bien chaud.

D'*Asperges à la Purée verte*, en gras et en maigre.

Prenez des asperges de moyenne grosseur, ce qu'il vous en faut pour garnir le potage ; coupez-les de la longueur de trois doigts ; faites-les blanchir un moment à l'eau bouillante, et retirez-les ; trempez-les dans de l'eau fraîche, faites-les égoutter, ficelez-les en petits paquets ; coupez un peu le bout de la pointe, et mettez-les cuire avec un litron de pois dans un bouillon maigre (Voyez *Bouillon maigre*) : lorsque les pois seront cuits, vous les passerez en purée : vous tremperez votre potage avec du bouillon maigre, vous ferez une garniture sur les bords du plat avec les asperges, et en servant vous y mettrez votre purée. Le potage en gras se fait de la même façon en prenant du bouillon gras au lieu de maigre.

Panade.

Vous prenez de la mie de pain tendre, le mollet est le meilleur ; vous la mettez dans un petit pot ou autre vase de terre avec de l'eau, du sel, un peu de gros poivre, gros comme la moitié d'un œuf de beurre (plus ou moins selon que votre panade doit être forte) ; vous faites mijoter le tout ensemble pendant une heure : au moment de servir votre panade, vous mettez une liaison de deux ou trois jaunes d'œufs (selon la qualité de la panade). Ayez soin que votre panade ne bouille pas quand votre liaison sera dedans.

Potage au Lait d'Amandes.

Mettez une demi - livre d'amandes douces

dans de l'eau, que vous ferez presque bouillir : vous les retirerez, leur enleverez la peau, et les jeterez à mesure dans de l'eau fraîche : après que vous les aurez égouttées, vous les pilerez dans un mortier, en les arrosant de temps en temps d'une cuillerée d'eau, de crainte qu'elles ne tournent en huile. Faites bouillir environ un quart-d'heure une demi-pinte d'eau avec un peu de sucre, de sel, de canelle, de coriandre, un zeste de citron. Servez-vous de cette composition pour passer vos amandes dans une serviette, en les bourrant plusieurs fois avec une cuillère de bois. Vous mettrez sur un plat des tranches de pain séchées, et vous verserez dessus le lait d'amandes le plus chaud possible sans bouillir.

Au Lait.

Faites bouillir votre lait ; après qu'il a bouilli, assaisonnez-le de sucre ou de sel, à votre choix : au moment de servir, versez votre lait sur votre pain.

Riz au Lait.

Après avoir lavé un quarteron (pour quatre personnes) de riz, vous le mettez dans votre lait bouillant, vous le laissez bouillir à petit feu une heure et demie, et vous tâchez qu'il y ait assez de lait pour que votre riz crève à l'aise et qu'il ne soit pas en pâte : votre riz crevé et prêt à servir, vous mettez du sucre, cinq à six grains de sel. Ayez soin de ne pas couvrir tout-à-fait le vase dans lequel cuit votre riz, pour que votre lait ne tourne pas.

Vermicelle au Lait.

Lorsque votre lait bout, vous mettez dedans

votre vermicelle en ayant soin de le dépeloter : il faut le remuer de temps en temps pour qu'il ne se mette pas en pâte. Veillez à ce que votre potage soit d'un bon sucre. Une demi-heure suffit pour que votre vermicelle soit crevé.

Riz ou vermicelle au lait d'Amandes.

Vous ferez votre riz ou votre vermicelle comme on vient de le dire, et au monent de servir, vous y verserez un lait d'amandes.

DES SAUCES.

Blond de Veau.

On mettra dans une casserole deux cassis et deux jarrets de veau, quatre carottes, quatre oignons que l'on mouillera avec deux cuillerées à pot de bouillon; on posera sa casserole sur un bon feu ; quand le bouillon sera réduit, on le mettra sur un feu doux, pour que le veau ait le temps de suer, et que la glace qui est dans la casserole ne s'attache pas trop vite; lorsque cette glace sera de belle couleur, on remplira la casserole de bouillon; on aura soin de l'écumer, afin que le blond ne soit pas trouble ; on n'y mettra point de sel puisque le bouillon est assaisonné.

Jus.

Mettez dans une casserole trois livres de tranches, les cuisses et le rable de deux lapins, un jarret de veau, six carottes, autant d'oignons, deux clous de girofle, deux feuilles de laurier, un bouquet de persil et de ciboule; versez plein deux cuillères à pot de bouillon dans votre casserole, que vous placerez sur un bon feu; votre bouillon réduit, vous étoufferez votre fourneau et y remettrez votre casserole, afin que votre viande jette son jus et qu'il s'attache doucement. Il est essentiel que la glace qui est au fond de votre casserole soit noire. Lorsqu'elle sera à ce point, vous retirerez votre casserole du feu, et resterez environ un quart-d'heure sans la mouiller : remplissez-la avec du bouillon ou de l'eau. Faites ensuite mijoter votre jus pendant trois heures. Ayez soin qu'il soit bien écumé et assaisonné. Si vos viandes cuites son mouillées à l'eau, vous passerez votre jus à travers un tamis de crin.

On peut faire le jus plus simplement en mettant dans le fond d'une casserole un peu de lard, quelques tranches d'oignons et des morceaux de rouelle de veau minces par dessus : on les fait suer à très petit feu, puis attacher sans être brûlés; on mouille avec du bouillon; on fait bouillir une demi-heure, et l'on passe le jus au tamis pour s'en servir à ce que l'on juge à propos.

Toutes sortes de jus se font de cette façon.

Consommé.

Mettez dans une marmite quatre livres de tranche de bœuf, quatre vieilles poules, un cassis, deux jarrets de veau, remplissez-la de bouillon, et faites-la écumer; rafraîchissez votre bouillon trois ou quatre fois pour bien faire monter l'écume; vous ferez ensuite bouillir doucement votre consommé; vous mettrez dans votre marmite des carottes, navets, oignons, deux ou trois clous de girofle. Lorsque les viandes sont cuites, vous passez votre consommé , afin qu'il soit bien clair : vous l'assaisonnez de bon goût.

Coulis.

On met dans le fond d'une casserole de petits morceaux de lard et de la rouelle de veau (pour le faire bon, il faut une livre de rouelle pour demi-setier; on se réglera là-dessus), deux ou trois oignons, autant de carottes; on place la casserole bien couverte sur un feu doux, pour que la viande ait le temps de jeter son jus; on la fait ensuite aller à plus grand feu, jusqu'à ce que la viande soit près de s'attacher; pour lors on la fait de nouveau aller à petit feu, afin qu'elle s'attache doucement à la casserole, et on fait un beau gratin : on retire ensuite la viande et les légumes sur une assiette, et on met dans la casserole un morceau de beurre et de la farine, suivant la quantité que l'on veut tirer de coulis (plein une cuillère à bouche par demi-setier); on tourne sur le feu jusqu'à ce que le roux soit beau; ensuite on mouille avec du bouillon chaud; on remet dedans la viande, pour la faire cuire encore deux heures à très petit feu ; on dégraisse souvent le coulis. Quand il sera fini, on le passera à l'étamine ou au tamis, pour s'en servir au besoin. Pour que le coulis soit bien fait, il doit être d'une belle couleur canelle, ni trop clair ni trop épais.

On tire du coulis de toute espèce de viande; mais quelque soit celui que l'on veuille faire, il faut toujours du veau avec.

Coulis aux écrevisses.

Vous choisirez une trentaine d'écrevisses moyennes, et après les avoir lavées dans plusieurs eaux, vous les ferez cuire à l'eau. Vous les épluchez ensuite, en mettant à part les écailles, que vous pilez dans un mortier, avec douze amandes douces et des écrevisses. Prenez ensuite une livre et demie de ronelle de veau et un morceau de jambon; coupez-les par tranches ainsi qu'un oignon, et ajoutez quelques tranches de carotte et de panais. Quand tout est attaché comme un jus de veau, ajoutez du lard fondu, un peu de farine, et faites faire quelques tours, en remuant toujours; mouillez le tout d'un bon bouillon; ajoutez sel, poivre, clous de girofle, basilic, persil, ciboules, champignons, trufles, croûtes de pain, et faites mitonner : ensuite ôtez le veau, délayez ce qui est dans le mortier avec le jus, et passez le tout à l'étamine.

Roux.

Faites fondre un bon morceau de beurre dans une casserole; mettez-y de la farine, de manière que votre farine, liée avec le beurre, soit plus épaisse que si c'était une bouillie bien matte; placez votre beurre et votre farine sur un fourneau un peu ardent; tournez avec une cuillère de bois jusqu'à ce que le roux soit un peu blond; mettez de la cendre sur votre feu, et replacez-y votre roux que vous ferez ainsi aller à petit feu, jusqu'à ce qu'il soit d'un beau blond. Prenez de la farine de froment de préférence à celle de seigle.

Beurre d'Anchois.

On lave bien cinq ou six anchois, on en lève les chairs, on les pile bien, on les passe en-

suite, sans y mettre de mouillement, à travers
un tamis de crin, puis on prend les chairs et
on les amalgame avec autant de beurre : alors
on s'en sert pour ce que l'on veut faire au beurre
d'anchois.

Gelée pour les malades.

On met dans une marmite une poule que l'on
a flambée, vidée et épluchée, un jarret de veau
d'environ une livre et demie et deux pintes
d'eau; on fait bien écumer et bouillir pendant
trois heures; on dégraisse son bouillon; on le
passe dans un tamis serré; on le met dans une
casserole, sur un fourneau, avec une tranche
de citron vert dont on a ôté la peau (si on n'a
pas de citron, on y supplée par quelques gouttes
de vinaigre), un quarteron de sucre, deux ou
trois grains de sel, deux pincées de coriandre ,
un peu de canelle en morceaux; on fait bouillir
un quart-d'heure; puis on ajoute trois œufs
cassés, blanc, jaune et coquille ; on laisse encore bouillir doucement en remuant souvent
jusqu'à ce que sa gelée soit claire et réduite à
environ trois demi - setiers ; on la passe dans
une serviette blanche que l'on a mouillée et
bien tordue pour qu'elle ne sente point un goût
de lessive et qu'il ne reste point d'eau ; on met
sa gelée dans les vaisseaux où elle doit rester,
et on la fait prendre dans un endroit frais ou
sur de la glace.

Espagnole.

On met dans une casserole deux noix de veau,
quatre perdrix, la moitié d'une noix de jambon,
cinq grosses carottes, cinq oignons , deux ou
trois clous de girofle ; on mouille les viandes

avec une bouteille d'excellent vin blanc et une cuillerée à pot de gelée ; on place la casserole sur un ungrand feu : le mouillement réduit, on le met sur un feu doux ; lorsque la glace est plus que blonde, on retire la casserole du feu, et on l'en laisse dix minutes dehors, pour que la glace puisse bien se détacher : on a fait suer des sous-noix dont on prend le mouillement pour mouiller l'espagnole ; quand elle est bien écumée, on a un roux qu'on délaie avec le mouillement, et on le verse sur la viande ; on y ajoute trois feuilles de laurier, du thym, des champignons, un bouquet de persil et ciboules, plusieurs échalottes ; on fait bouillir doucement la sauce pendant deux ou trois heures, jusqu'à ce que les viandes soient cuites. Il faut avoir soin de bien écumer ce qu'on met sur le feu, que la sauce ne soit ni trop brune, ni trop pâle, ni trop claire, ni trop liée, et qu'elle soit de bon goût.

Sauce à l'Allemande.

Mettez dans une casserole un peu de coulis avec autant de bouillon, une pincée de persil blanchi, haché, deux foies de volaille cuits, un anchois et des câpres, le tout haché très fin, gros comme la moitié d'un œuf de bon beurre, sel, poivre : faites lier la sauce sur le feu, et servez-vous-en pour ce que vous jugerez à propos.

Sauce à l'Anglaise.

Hachez deux jaunes d'œufs durs ; mettez-en la moitié dans une casserole, avec un anchois et des câpres hachés, un verre de bon bouillon, peu de sel, gros poivre, gros comme la moitié d'un œuf de beurre manié d'une pincée de farine ; faites lier la sauce sur le feu , dressez-la sur ce que vous voudrez, et jetez sur la viande le restant du jaune d'œuf haché.

Beurre Noir.

Mettez dans une casserole un demi-verre de vinaigre, du sel, du poivre, et faites-lui jeter quelques bouillons : mettez en même temps dans une autre casserole, une demi-livre de beurre ; faites-le chauffer jusqu'à ce qu'il soit presque noir, alors vous le laisserez reposer, et vous le verserez sur votre vinaigre ; tenez-le chaud : vous vous en servirez pour les choses indiquées.

Sauce blanche aux Câpres et Anchois.

Mettez dans une casserole gros comme un œuf de beurre, que vous mêlez avec une pincée de farine : délayez avec un verre de bouillon, un anchois haché, câpres fines entières, sel , gros poivre, deux ou trois ciboules entières ; faites lier sur le feu : ôtez les ciboules et servez.

Sauce au Blanc.

Prenez une demi-livre de lard râpé , une demi-livre de graisse , un quarteron de beurre, un citron coupé en tranches , dont vous ôterez le blanc , du laurier, un clou de girofle , deux carottes coupées en dés , deux oignons, une demi -cuillerée d'eau ; vous ferez bouillir le tout jusqu'à ce qu'il soit réduit, ayant soin de tourner sans cesse votre blanc, de crainte qu'il ne s'attache ; quand il n'y aura plus de mouillement et que votre graisse sera fondue, vous y jetterez du sel blanc ; vous le ferez bouillir, vous l'écumerez, après quoi vous vous en servirez pour les mets que vous voulez faire au blanc.

Sauce ou *Jus d'Orange.*

Mettez dans une casserole un demi-verre de bon bouillon, avec autant de jus, quelques zestes de pelure d'orange aigre, gros comme la moitié d'un œuf de bon beurre manié avec une petite pincée de farine, sel, gros poivre; faites lier sur le feu, et pressez-y ensuite le jus d'une orange aigre.

Sauce à la *Maître-d'Hôtel.*

Mettez un quarteron de beurre dans une casserole, du persil et des échalottes hachés très menus, du sel, du poivre et un jus de citron : vous pétrirez le tout ensemble. Au moment de servir, vous versez votre sauce dessus, dessous, dans les viandes ou poissons, à volonté.

Sauce *Piquante.*

Vous mettrez dans une casserole un poisson de vinaigre, un peu de petit piment, du poivre, une feuille de laurier, un peu de thym; faites réduire à moitié; alors vous ajouterez plein trois cuillerées de bouillon; faites réduire votre sauce à une juste mesure, et mettez-y le sel nécessaire.

Sauce au *Petit-Maître.*

Mettez dans une casserole un verre de vin blanc, moitié d'un citron coupé en tranches, un peu de chapelure de pain très fine, deux cuillerées à bouche d'huile d'olive, un bouquet de persil, ciboule, deux gousses d'ail, un peu d'estragon, deux clous de girofle, un peu de bouillon, sel, gros poivre; faites bouillir le tout à

très petit feu pendant un quart-d'heure ; dégraissez ensuite et passez au tamis.

Sauce à la poivrade.

Mettez dans une casserole gros comme la
moitié d'un œuf de beurre, deux ou trois oignons en tranches, carottes et panais coupés en
zestes, une gousse d'ail, deux clous de girofle,
une feuille de laurier, thym, basilic ; passez le
tout au feu, jusqu'à ce qu'il commence à se colorer : mettez-y une bonne pincée de farine ;
mouillez avec un verre de vin rouge, un verre
d'eau, une cuillerée de vinaigre ; faites bouillir
une demi-heure ; dégraissez ; passez au tamis ;
mettez-y du sel, gros poivre, et servez-vous-en
pour tout ce qui a besoin d'être relevé.

Sauce à la Provençale.

Vous mettrez dans une casserole deux cuillerées d'huile fine, quelques échalottes et champignons hachés, deux gousses d'ail entières ;
passez le tout sur le feu ; ajoutez une pincée de
farine et mouillez avec du bouillon et un verre
de vin blanc ; assaisonnez de sel, gros poivre,
un peu de persil, ciboule ; faites bouillir cette
sauce à petit feu pendant une demi heure ; dé-
graissez-la, et ne laissez d'huile que ce qu'il faut
pour qu'elle soit perlée et légère ; ôtez le bouquet et les gousses d'ail, et servez sur ce que
vous jugerez à propos.

Sauce à la Ravigotte.

Mettez dans une casserole un verre de bouillon, une demi-cuillerée à café de vinaigre, sel,
poivre, un petit morceau de beurre manié de
farine, et deux pincées de fourniture de salade,

telle que civette, estragon, pimprenelle, cerfeuil, cresson; faites bouillir cette fourniture un moment dans l'eau, pressez-la bien et hachez-la très fine; mettez-la dans la sauce, et faites-la lier sur le feu pour la servir sur ce que vous voudrez. Si vous mettez la fourniture sans la faire blanchir, il en faut la moitié moins.

Sauce à la rémoulade.

Hachez très fin une échalotte, du persil, de la ciboule, une pointe d'ail, un anchois et des capres, salez, poivrez, et délayez le tout avec un peu de moutarde, de l'huile et du vinaigre, pour rendre la sauce meilleure on peut y ajouter un jaune d'œuf cru que l'on remue avec la rémoulade.

Sauce Robert.

Mettez dans une casserole un peu de beurre, avec une cuillère à bouche de farine; faites roussir votre farine à petit feu; quand elle est de belle couleur, mettez-y trois gros oignons hachés très fin, et du beurre suffisamment pour faire cuire l'oignon; mouillez ensuite avec du bouillon, dégraissez la sauce et la laissez bouillir une demi-heure. Lorsque vous êtes prêt à servir, mettez-y sel, gros poivre, filet de vinaigre, de la moutarde. Cette sauce s'emploie avec le porc frais et le dindon.

Sauce à la Sultane.

Mettez dans une casserole une chopine de bouillon avec un verre de vin blanc, deux tranches de citron sans peau, deux clous de girofle, une gousse d'ail, une demi-feuille de laurier, persil, ciboule, un oignon et une racine; faites

bouillir une heure et demie à petit feu, et réduire au point d'une sauce; passez-la au tamis,
ensuite vous y mettrez un peu de sel, gros poivre, un jaune d'œuf dur haché, une pincée de
persil blanchi haché.

Sauce Tomate.

Vous mettez quinze tomates dans une casserole, avec un peu de bouillon, du sel, du gros
poivre; vous les faites cuire et réduire; quand
vos tomates sont épaisses, vous les passez
comme une purée dans une étamine: au mo-,
ment de servir, vous y mettez gros comme un
œuf de beurre, que vous ferez fondre dans vôtre
sauce; avant de la servir, voyez si elle est assaisonnée et de bon goût. Nous vous en servirez
pour les choses indiquées.

DE LA DISSECTION DES VIANDES.

L'art de découper les viandes est beaucoup
plus essentiel à connaître qu'on ne le pense, car
il ajoute singulièrement à l'agrément de la bonne
chère, au coup-d'œil et même à la bonté réelle
d'un festin.

De la dissection du Bœuf.

Il faut toujours couper le bouilli en travers,
afin que la viande se trouve courte, et, avant
cette opération, dépouiller le morceau de ses os,
de ses nerfs et de sa graisse superflue. On coupera les tranches un peu minces, qu'on couron-
nera chacune d'une petite portion de graisse.

Comme les os sont la partie la plus délicate

de la poitrine, l'on s'attachera à les bien diviser, et l'on en servira un par portion.

On suivra pour le bœuf à la mode les mêmes principes, à l'exception de le couper de manière que les lardons le soient en travers.

Quant à l'aloyau, on commence par diviser le filet, lequel se coupe en travers et par rouelles plus ou moins épaisses.

La tranche se coupe en travers ainsi que la langue.

Le trumeau, qui est une chaire courte et pleine de cartilages, doit être bien cuit, et se sert à la cuillère.

De la Dissection du Veau.

La manière de découper un carré de veau consiste à lever d'abord le filet, que l'on coupe en morceaux de diverses grosseurs, ainsi que le rognon; ensuite on divise les côtes.

La tête de veau, qu'on préfère généralement bouillie, se mange avec une sauce piquante à part, ou même simplement au vinaigre. Les morceaux les plus distingués sont d'abord les yeux, ensuite les bajoues, puis les tempes, puis les oreilles, enfin la langue que l'on met sur le gril, panée et sous une sauce appropriée. On sert avec chacun des morceaux ci-dessus désignés une portion de la cervelle qu'on puise dans le crâne, dont la partie supérieure a dû être enlevée avant d'être servie sur la table; on sert les yeux avec la cuillère, on coupe proprement les bajoues, les tempes et les oreilles; on ne porte jamais le couteau dans la cervelle.

De la Dissection du mouton.

Il y a deux manières de découper un gigot de mouton. La première, c'est, tenant le manche de la main gauche, de couper perpendiculairement les tranches, depuis la jointure jusqu'aux os du filet, ensuite la souris, puis, retournant le gigot, de détacher les parties de derrière.

La deuxième consiste, en tenant toujours le manche de la main gauche, à couper horizontalement, à peu près comme on rabote une planche, en observant que les morceaux doivent être extrêmement minces.

De la Dissection de l'Agneau et du Chevreau.

Ces deux animaux, quoique d'espèce différente, se dissèquent à peu près de même, et un quartier de chevreau se coupe selon les mêmes principes qu'un quartier d'agneau. Après avoir coupé le quartier, ou plutôt la bête presque entière, en deux parties égales en leur longueur, on divise chaque quartier, soit en cotelettes, soit en doubles cotelettes, on sépare les deux cuisses, et l'on coupe les gigots par tranches.

A l'égard du chevreuil, on n'en sert qu'un quartier, et jamais les deux ensemble.

De la Dissection du Cochon.

La hure commence à se servir, en coupant du côté des oreilles jusqu'aux bajoues; le chignon se sert après, par petites tranches minces.

Le carré, le filet, l'échinée se coupent par petites tranches minces et en travers.

Le jambon se coupe par petites tranches en travers, toujours du gras et du maigre.

Le sanglier se coupe et se sert comme le cochon.

De la Dissection du Cochon de Lait.

On le sert presque toujours rôti ; aussitôt qu'il paraît sur table, on commence par couper la tête, les deux oreilles ; on sépare la tête en deux, ensuite on coupe l'épaule gauche, la cuisse gauche, l'épaule droite et la cuisse droite ; on lève après la peau, pour la servir toute croquante ; les jambes, les côtes, les morceaux près du cou sont des endroits très délicats ; l'épine du dos se coupe en deux ; le côté des côtes qui y reste attaché, se sert par petits morceaux.

Le marcassin se coupe et se sert comme le cochon de lait.

De la Dissection de la Volaille et du Gibier.

Les principales parties de la volaille sont le cou, les deux ailes, les deux cuisses, l'estomac, le croupion, la carcasse.

Les poulets, chapons, poulardes, se dissèquent en prenant l'aile de la main gauche, ou avec une fourchette ; on prend de la main droite le couteau pour couper la jointure de l'aile, et on achève de la main gauche, en tirant l'aile ; ensuite on lève, du même côté, la cuisse, en donnant un coup de couteau dans les nerfs de la jointure, et on la tire de la même façon, avec la main gauche. La même opération se pratique pour l'autre côté. On coupe ensuite l'estomac, la carcasse et le croupion ; on divise chaque cuisse en deux, chaque aile en trois ; on laisse les blancs entiers, et on tâche de faire six morceaux bien séparés de la carcasse et du croupion.

L'oie, servie sur le dos, se coupe en filets, formés de la chair, des ailes et de l'estomac, jusque vers le croupion. On lève ainsi huit filets, composant autant de lanières.

Le canard rôti se découpe, comme l'oie, en aiguillettes, que l'on multiplie le plus possible, aux dépens des ailes et même des cuisses.

La bécasse et la bécassine se découpent comme les volailles ordinaires, c'est-à-dire qu'on enlève les ailes, les cuisses, et qu'on sépare ensuite le croupion de la carcasse.

Quant à la perdrix et aux perdreaux, ils se coupent comme la plupart des volailles. Le faisan rôti se coupe absolument comme la poularde. Le pigeon rôti, quand il est gros, peut se couper en quatre, autrement on ne le coupe qu'en deux portions, dont l'une, composée de deux ailes, est le chérubin, et l'autre, dont les deux cuisses font partie, est la culotte. Il arrive quelquefois qu'on les coupe longitudinalement, de façon que chacune des deux moitiés renferme la cuisse et l'aile.

Le lièvre et le levraut, le lapin et le lapereau se coupent, à peu de chose près, de même.

Le lièvre ne se sert que de trois quarts, piqué ou bardé : la partie la plus délicate est le râble, que l'on coupe depuis l'épaule jusqu'à la naissance de la cuisse, ensuite l'os du râble. On coupe en forme d'entonnoir la partie supérieure et charnue des cuisses; on lève ensuite avec dextérité la queue, avec un peu de chair adhérente.

Nous ne nous étendrons pas en dissertation sur le bœuf; nous nous contenterons de dire que les meilleurs sont ceux dont les chairs sont foncées et bien couvertes de graisse, et que les parties les plus en usage en cuisine sont la culotte, la pièce ronde, le gîte à la noix, l'aloyau, les charbonnées, les flanchets, les entrecôtes, la poitrine, les tendons de poitrine, les palerons, la cervelle, la langue, le palais, les rognons, la graisse et la queue.

Langue de Bœuf aux Cornichons.

Après avoir fait dégorger sa langue, on la fait blanchir pendant une demi-heure; on la met ensuite rafraîchir; lorsqu'elle sera refroidie, on la préparera : à cet effet on prendra des lardons qu'on assaisonnera avec du sel, du gros poivre, des quatre épices, du persil et des ciboules hachés très menus : on pique la langue avec des lardons assaisonnés, et on la fait cuire dans une casserole dans laquelle on jette quelques bardes de lard, quelques tranches de veau et de bœuf, des carottes, des oignons, du laurier, du thym et plusieurs clous de girofle : on mouille la cuisson avec du bouillon; on laise cuire la langue à petit feu pendant quatre à cinq heures : au moment de la servir, on ôtera la peau de dessus : on aura du coulis roux dans lequel on mettera des cornichons bien hachés que l'on versera dessus ou que l'on servira dans un bol à part.

Langue de Bœuf en Paupiettes.

On prend une langue de bœuf, dont on en

ôte le cornet, et qu'on fait blanchir un demi-quart d'heure à l'eau bouillante ; on la met cuire dans le pot au feu jusqu'à ce que la peau puisse s'enlever : elle ne gâtera point votre bouillon : on ôtera la peau et on la mettra refroidir ; on la coupera en tranches minces, dans toute sa largeur et longueur ; couvrez chaque morceau avec la farce du godiveau ou autre farce de viande, de l'épaisseur d'un petit écu ; on passe un couteau trempé dans l'œuf sur la farce; on les roulera ensuite et on les embrochera dans un atte'et ; après avoir mis à chacune une petite bande de lard, on les fait cuire à la broche; quand elles seront presque cuites, on jettera de la mie de pain sur les bardes ; on fera prendre une couleur dorée à feu clair, on les servira avec une sauce piquante dessous.

Langue de Bœuf à la persillade.

On fait blanchir sa langue un quart-d'heure à l'eau bouillante, ensuite on la larde avec du gros lard, on la met cuire dans une marmite ; quand elle est cuite, on ôte la peau, et on fend la langue un peu plus de moitié dans sa longueur, pour l'ouvrir en deux sans la séparer : on la met avec du bouillon, du sel, du gros poivre, un filet de vinaigre et du persil haché.

Langue de Bœuf en Papillote.

Vous faites cuire votre langue dans une marmite; vous en ôtez la peau, et vous la laissez refroidir ; vous la coupez en tranches en forme de cœur. Vous préparez une sauce pareille à celle que l'on emploie pour la cotelette de veau en papillotte ; vous en mettez une certaine

quantité dessus et dessous chaque tranche de langue qu'on empapillotte avec du papier fort et bien
huilé; on les fait griller sur un feux dou et on les
sert chaudes, dressées en miroton sur le plat.

Palais de bœuf.

Il faut d'abord le bien nétoyer et le faire
cuire à l'eau ; vous en enlevez ensuite la peau
et les parties noires : vous passez de l'oignon
sur le feu avec un morceau de beurre; quand
l'oignon est à moitié cuit, vous y mettez le palais, et vous mouillez votre ragoût avec du
bouillon; vous y ajoutez un bouquet de persil,
du sel, du poivre : la sauce assez réduite, vous
la dégraissez, et au moment de servir vous
mettez un peu de moutarde,

Palais de bœuf mariné.

Vous prenez deux palais de bœuf : lorsqu'ils
sont cuits à l'eau et épluchés, vous les coupez
de la longueur et de la largeur du doigt; vous
les faites mariner avec du sel, du poivre, une
gousse d'ail, du vinaigre, un peu de bouillon,
un petit morceau de beurre manié de farine,
une feuille de laurier, trois clous de girofle :
avant de mettre vos palais dans cette marinade,
vous la ferez tiédir; vous y laisserez vos palais
pendant deux ou trois heures; vous les retirerez
ensuite pour les faire égoutter ; vous les essuierez, vous les farinerez, vous les ferez frire,
et vous les servirez avec du persil frit.

Gras double à la bourgeoise et la sauce Robert.

Vous faites cuire votre gras double à l'eau,
vous le nétoyez, vous le coupez de la grandeur
de quatre doigts, et vous le faites mariner avec

du sel, du poivre, du persil de la ciboule et une pointe d'ail hachés, un peu de graisse de pot ou du beurre frais fondu ; vous faites tenir tout l'assaisonnement au gras double ; vous le panez de mie de pain et vous le mettez griller : vous servirez avec une sauce piquante.

Rognon de Bœuf à la Bourgeoise.

On coupe son rognon en filets minces, on le passe sur le feu avec un morceau de beurre, sel, poivre, ciboule, une pointe d'ail, le tout haché très menu ; quand il est cuit, on y met un filet de vinaigre ou de verjus, et un peu de coulis, ayant soin de ne plus le laisser bouillir, de crainte qu'il ne se racornisse.

On peut encore servir le rognon cuit à la braise, avec une sauce piquante à l'échalotte.

Queue de Bœuf à la Sainte-Menehould.

On la fait cuire dans du bon bouillon, mais entière ; on la trempe par deux fois dans du beurre fondu, et on la panne aussi par deux fois ; on la fait griller d'une belle couleur, et pour sauce, on se sert du fond, qu'on fait réduire et qu'on clarifie.

Côte de Bœuf à la Royale.

Vous prenez un morceau d'entre-côte, la valeur de trois côtes ; vous la désossez, à l'exception d'une seule côte ; par ce moyen vous aurez une forte côtelette ; vous la piquerez de gros lardons bien assaisonnés, et la ferez braiser avec un jarret et un pied de veau, oignons, carottes, une gousse d'ail et très peu d'aromates. Au bout de cinq à six heures, c'est-à-dire lorsqu'elle sera bien cuite, vous l'égoutterez sur un plat pour la faire refroidir entièrement ; vous la parerez légèrement, et la ferez réchauffer ensuite dans son fond clarifié et réduit ; vous la changerez de temps en temps de côté , afin qu'elle prenne du goût et une égale couleur ; vous la dresserez sur le plat avec des oignons glacés autour, et des carottes en bâtonnet.

Entre-côte au Jus.

Le procédé pour ce met est très simple ; on prend la côte de bœuf qui se trouve sous le paleron, en la préparant de manière qu'il ne reste que l'os de la côte que l'on décharne ; on la bat ensuite pour l'amortir ; on trempe sa côte dans de l'huile ou du beurre ; après l'avoir assaisonnée de sel et de poivre, on la fait griller de manière qu'elle ne brûle pas , mais qu'elle cuise à petit feu : selon l'épaisseur de votre côte, il faut une demi-heure ou trois quarts d'heure ; quand elle est cuite à son degré, on met des cornichons hachés dans du coulis roux clarifié , et on le verse sur l'entre-côte. Si on le juge à propos, on mettra à la place une cuillerée de jus.

Bœuf en Miroton.

Coupez votre bœuf, cuit dans la marmite ou de la veille, en tranches fort minces ; mettez dans le plat sur lequel vous devez le servir , deux cuillerées de coulis, avec de l'oignon ou du persil, de la ciboule, des capres, des anchois, une petite pointe d'ail ou d'échalotte, le tout haché très fin, auxquels vous ajouterez du sel et du gros poivre ; arrangez dessus vos morceaux de tranches de bœuf, et assaisonnez-les par-dessus comme vous avez fait par-dessous; couvrez votre plat et faites-le bouillir à petit feu, sur un fourneau, pendant une demi-heure, plus ou moins, et servez à courte sauce.

Hachis de Bœuf.

Faites rôtir un morceau de bœuf à la broche: l'entre-côte est préférable, vous le laissez refroidir et le hachez bien fin. Vous faites clarifier et réduire quelques cuillerées de coulis roux, et au moment de servir vous y jetez le bœuf haché; vous le remettez sur le fourneau, prenant garde qu'il ne bouille; vous y mettez deux onces de beurre frais, et le dressez chaudement sur un plat avec des œufs pochés ou mollets autour.

Noix de Bœuf.

Tâchez que votre noix soit bien couverte; comme la viande en est sèche, piquez-la de gros lardons de lard bien assaisonnés. Ficelez-la ensuite, et servez-la avec des oignons et autres garnitures que vous jugerez les plus convenables à l'améliorer.

Poitrine de Bœuf au naturel

On désosse sa poitrine jusqu'au tendron; on la ficelle et on la rend bien potelée; ensuite on la fait cuire et on la sert avec du persil ou des légumes, au choix.

Bifteck de Filet de Bœuf.

Après avoir coupé le filet sur son plein, on le battra, on ôtera les tours et on ne laissera pas de peau. On fait en sorte que le bifteck soit un peu gras. Le morceau paré, on l'assaisonne de sel, de gros poivre; on le trempe dans du beurre tiède; on le fait griller au moment de le servir; on met dessous ou une sauce piquante, ou une sauce au beurre d'anchois, ou un jus clair, suivant le goût. On peut ajouter à ces sauces, si bon semble, ou des cornichons, ou des pommes de terre crues sautées dans du beurre jusqu'à ce qu'elles aient une belle couleur; on les poudre de sel et on en entoure le bifteck. Il faut surtout que le bifteck cuise à grand feu, c'est-à-dire qu'il soit saignant, afin que le jus se concentre.

Filet de bœuf piqué, à la broche.

Vous le dégraissez et le parez proprement; vous le piquez de lard par-dessus, aux deux extrémités, et laissez le milieu sans être piqué, car il y a des personnes qui n'aiment point le lard. Vous le faites mariner pendant plusieurs jours avec de l'huile, oignons, persil, jus de citron, canelle et aromates; vous le troussez en forme d'un *S* ou en rond, et le faites cuire à la broche d'une belle couleur : vous mettez dessous une sauce hachée.

Filet d'aloyau braisé.

On lève le filet de l'aloyau et en ôte toute la graisse; on couche ensuite le filet sur la table, on prend de gros lardons, dans lesquels on mettra du thym et du laurier hachés bien menus, des quatre épices, du sel et du poivre; on pique le filet et on le ficelle dans la forme que l'on jugera plus convenable; on mettra au fond de la casserole des bardes de lard, des tranches de veau et de bœuf, cinq ou six oignons, deux ou trois clous de girofle, du thym, du laurier, de la ciboule et un bouquet de persil ; on place ensuite le filet dans la casserole où est marquée la braise, on le couvre de lard, et on arrange quelques morceaux de viande à l'entour. On y verse deux ou trois cuillerées à pot de bon bouillon et peu de sel ; on fait bouillir la braise sur un fourneau, et on la met ensuite cuire à petit feu pendant six heures. On prend ensuite le fond du filet, on le fait clarifier et réduire, et on en forme une demi-glace claire, que l'on met dessous le filet de bœuf, après lui avoir donné une belle couleur. Si on le juge à propos, on peut y mettre autour des oignons glacés, lesquels on aura fait cuire avec une partie de ce fond, et gros comme une noisette de sucre. Si on veut que le filet de bœuf ait une meilleure apparence, on le fait refroidir et on le pare avec goût ; on le fait réchauffer dans une partie du mouillement où il a cuit. On peut, de la même manière, le faire à la gelée, en ayant soin de mettre dans la braise un pied de veau, et en clarifiant le fond, que l'on met autour du filet de bœuf, paré et glacé proprement.

De la tranche de bœuf.

On se sert de la tranche pour tirer du jus et faire d'excellens potages, ainsi que du bœuf à la royale. On s'en sert aussi à garnir des braises.

Usage de la gaisse et de la moële de bœuf.

La graisse sert à faire des farces, à nourrir des braises et à cuire des cardons d'Espagne : la moëlle, à faire des farces, des petits pâtés, des tourtes et crêmes à la moëlle, à nourrir des cardons et autres légumes.

Le veau est d'une grande utilité en cuisine : il fournit de quoi diversifier une table. Voici les parties dont on fait le plus d'usage : la tête, la cervelle, la langue, la fressure, qui comprend le mou, le cœur et le foie ; la fraise, les pieds, les ris, la longe avec le casi, la rouelle avec les jarrets, l'épaule, le collet, la poitrine, le tendon, la queue, les filets, le roguon, la moëlle, dite amourette.

Tête de Veau au naturel.

Après avoir coupé les mâchoires inférieures, on la fait dégorger pendant une nuit entière dans l'eau ; alors on la fait blanchir et cuire dans une eau blanche : quand la tête est cuite, on la fait égoutter ; on découvre la cervelle, et on la sert avec une sauce piquante. On peut aussi la servir avec d'autres sauces, comme celle à la poivrade, à la ravigotte, à l'italienne.

Tête de Veau Farcie.

Votre tête de veau bien blanche et bien échaudée, vous en enlevez la peau, en prenant garde de la couper; vous la désossez ensuite pour en prendre la cervelle, la langue, les yeux et les bajoues : vous faites une farce avec la cervelle, de la rouelle de veau, de la graisse de bœuf, le tout haché très menu, que vous assaisonnez de sel, gros poivre, persil et ciboule hachés, une demi-feuille de laurier, thym et basilic réduits en poudre ; vous y mettez deux cuillerées à bouche d'eau-de-vie, et vous la liez avec trois jaunes d'œufs et trois blancs fouettés. Vous épluchez la langue, les yeux dont vous otez le noir, les bajoues , après les avoir fait blanchir à l'eau bouillante ; vous les coupez en filets ou gros dés, et vous les mêlez à votre farce : vous mettez la peau de la tête de veau sans être blanchie dans une casserole , les oreilles en-dessous, vous la remplissez avec votre farce , puis vous la cousez , en la plissant comme une bourse ; vous la ficelez tout autour en lui donnant sa forme naturelle; vous la mettez cuir ensuite dans un vaisseau juste de sa grandeur, avec un demi-stier de vin blanc, deux fois autant de bouillon , un bouquet de persil , ciboule , une gousse d'ail , trois clous de girofle , deux carottes , oignons, sel , poivre; vous la laissez cuire à petit feu pendant trois heures ; lorsqu'elle est cuite ; vous la mettez égoutter ; vous l'essuyez bien avec un linge , après l'avoir déficelée : vous passez une partie de sa cuison au travers d'un tamis ; vous y ajoutez un peu de coulis , si vous en avez , et vous y mettez un filet de vinaigre ; vous la faites réduire au poiet d'une sauce que vous servez sur la tête.

Langue de Veau.

Elles s'accommodent comme les langues de bœuf.

Cervelles de Veau frites à cru.

Après avoir fait dégorger quatre cervelles, on les coupe en quatre, sans les faire blanchir; on les assaisonne de sel , poivre et muscade; on les trempe dans du beurre fondu et on les panne avec de la mie de pain ; on les trempe de nouveau dans de l'œuf entier, battu et assaisonné, et on les panne encore avec de la mie de pain :

on les fait frire ensuite dans un plat à sauter,
sur un feu modéré, de manière à ce que les
cervelles aient le temps de cuire ; lorsqu'elles
sont cuites d'une belle couleur, on les égoutte
sur un torchon blanc, et les dresse sur le plat
avec une poignée de persil frit par-dessus.

Cervelles de Veau au beurre noir.

On prend trois ou quatre cervelles dont on
lève la peau et les fibres ; après les avoir bien
épluchées, on les fait dégorger pendant plusieurs heures. On a une casserole d'eau bouillante, dans laquelle on jette une petite poignée de sel et un demi-verre de vinaigre ; on
met les cervelles blanchir à l'eau bouillante
pendant cinq minutes ; on le retire et on les
laisse refroidir dans cette eau, afin qu'elles soient
bien fermes. On les fait cuire dans une bonne
marinade pendant trois-quarts d'heure, et, au
moment de servir, on met du beurre noir et du
persil frit autour.

Cervelles à la sauce piquante.

On fait cuire les cervelles comme celles
au beurre noir; on les égoutte et on les met sur
le plat ; on les arrose ensuite d'une sauce piquante.

Oreilles de Veau.

On les prépare de plusieurs façons et elles se
servent avec différentes sauces, quand elles sont
cuites dans un blanc.

Oreilles de Veau aux petits Pois.

On les flambe sur un fourneau, et on les fait
cuire dans un blanc : on manie un litron de pois
verts et bien tendres avec un petit morceau de

beurre, et on le passe un instant sur le fourneau; on le mouille ensuite avec de l'espagnole et quelques cuillerées de consommé, un bon bouquet de persil et très peu de sucre; on le fait cuire ainsi pendant une heure, en ayant bien soin de le dégraisser. Au moment de servir, on égoutte les oreilles de veau, on les met sur le plat, légèrement ciselées, de manière qu'elles fassent le panache, et au milieu on met le ragoût de petits pois à courte sauce. Si on le juge à propos, on peut mettre dans les pois des morceaux de petit lard, mais peu de sel.

Oreilles de Veau en marinade.

On les fait cuire dans un blanc, et au moment de servir, on les égoutte et on les partage en deux; on les trempe dans une pâte; on les fait frire d'une belle couleur, on les dresse avec du persil frit au milieu.

Oreilles de veau à la Tartare.

Après avoir fait blanchir à l'eau bouillante quatre oreilles de veau, vous les fendrez par le gros bout, sans les séparer, et, pour les faire tenir ouvertes, vous passerez à chacune une brochette en travers; vous les ferez cuire comme les précédentes, et, lorsqu'elles seront bien égouttées, vous les tremperez dans du beurre et les panerez. Vous les ferez griller en les arrosant légèrement avec le reste du beurre où vous les aurez trempées; quand elles seront de belle couleur, vous les servirez avec une sauce claire faite avec un peu de bouillon, du verjus, des échalottes hachées, du sel et gros poivre.

Fressure de veau.

Vous coupez la fressure par morceaux; vous

la faites dégorger dans l'eau froide et blanchir
un moment à l'eau bouillante; vous la mettez
ensuite dans une casserole, avec un morceau
de bon beurre, un bouquet garni, sel et poivre;
passez-la sur le feu; mettez une pincée de farine, et mouillez avec du bouillon. Le ragoût
cuit, vous y ajoutez une liaison de trois jaunes
d'œufs délayés avec un peu de lait; vous faites
lier sur le feu, et au moment de servir vous y
versez un filet de verjus.

Foie de veau à la broche.

Avant de le mettre à la broche, on le pique de
petit lard, et on le sert avec une sauce au petit-
maître dessous.

Foie de veau braisé.

On le pique de gros lardons, et on le fait cuire
à la braise, comme la langue de bœuf; on le sert
aussi avec la même sauce.

Foie de veau à la bourgeoise.

On prend un foie de veau que l'on coupe par
tranches et que l'on met dans la casserole, avec
de l'échalotte, du persil, de la ciboule hachés,
et un morceau de bon beurre; on les passe sur
le feu, et on y met une pincée de farine; on
mouille avec un verre de vin blanc, sel et gros
poivre. On délaie trois jaunes d'œufs avec deux
cuillerées de verjus; et lorsque le foie va commencer à bouillir, on le retire du feu et on le
lie avec les trois jaunes d'œufs.

Foie de veau à la poêle.

Vous ôtez les nerfs de votre foie; vous le
coupez en tranches de l'épaisseur d'un doigt;
vous mettez fondre du beurre dans une poêle;

vous faites cuire dedans vos morceaux de foie
que vous assaisonnez de sel et de poivre. Quand
ils sont cuits d'un côté, vous les retournez pour
qu'ils cuisent de l'autre ; ensuite vous les retirez
de la poêle. Vous hachez du persil, de la ciboule,
de l'échalotte, une gousse d'ail ; vous mettez ces
fines herbes dans le beurre ; vous remuez la
poêle de temps à autre, jusqu'à ce qu'elles soient
cuites ; vous y jetez une pincée de farine, et
vous mouillez votre sauce avec un demi-setier
de vin ; vous la laissez bouillir un instant, et
au moment de servir, vous y versez un filet de
vinaigre.

Fraise de veau au naturel.

On la fait blanchir et cuire dans un blanc de
farine, comme il est dit pour la tête de veau, et
on la sert de même. On peut aussi la servir
avec toutes sortes de sauces. On la dégraisse,
on la coupe par bouquets, puis on la fait
bouillir à petit feu dans la sauce que l'on veut
y mettre.

Fraise de veau frite.

Quand elle est cuite, on la dégraisse, on la
coupe par petits morceaux, on la trempe dans
une pâte à frire et on la sert avec du persil frit.

Pieds de veau au naturel.

Les pieds de veau se font cuire de même
que la fraise : pour les servir au naturel, on les
fait égoutter, et on les met sur la table bien
chauds, avec du sel, du gros poivre, du vinaigre
et de fines herbes.

Pieds de veau à la Ste.-Menehould.

On fend par le milieu les pieds de veau bien
échaudés, on les ficelle, et on les met cuire dans

une bonne braise. Lorsqu'ils sont cuits, et qu'il n'y a plus que peu de sauce, on les fait refroidir à moitié; on les retire pour les paner de mie de pain, qu'on arrose avec la graisse de la braise; on les fait griller de belle couleur, et on les sert pour hors-d'œuvre.

Pieds de veau frits.

On les fait cuire après les avoir désossés; ensuite on les fait mariner dans du poivre, du sel et un peu de vinaigre. Au moment de les servir, on les égoutte, et on les fait frire d'une belle couleur dans une pâte. Servez chaud.

Ris de veau.

Les ris de veau sont un manger très délicat ; de plus ils entrent dans une infinité de ragoûts. On les fait dégorger dans de l'eau tiède, on les fait blanchir un demi-quart-d'heure dans l'eau bouillante, puis on les met dans tels ragoûts qu'on juge à propos.

Ris de veau aux fines herbes.

Vous hacherez très menu un peu de fenouil, persil, une petite gousse d'ail, deux échalottes; vous maniez ces herbes avec gros comme la moitié d'un œuf de bon beurre, sel fin , gros poivre. Vos ris blanchis, vous les piquez en plusieurs endroits par-dessus, pour y faire entrer votre préparation; vous mettez les ris dans une casserole avec des bardes de lard par-dessus, un demi-verre de vin blanc , autant de bouillon : vous les mettez cuire à petit feu pour qu'ils ne fassent que mijoter. Quand ils sont cuits, vous dégraissez la sauce, qui doit être courte : si vous pouvez ajouter une cuillerée de coulis à la sauce, elle n'en sera que meilleure.

Ris de veau frits.

Faites une marinade avec gros comme la moitié d'un œuf de beurre manié de farine, un demi-verre de vinaigre, un grand verre d'eau, clous de girofle, gousse d'ail, échalottes, ciboules, persil, laurier, thym, basilic, sel et poivre : faites tiédir la marinade en remuant le beurre jusqu'à ce qu'il soit fondu ; mettez-y ensuite vos ris de veau, et ôtes-les du feu pour les laisser mariner une heure et demie ou deux heures ; faites-lez égoutter, essuyez-les avec un linge, farinez-les et faites-les frire de belle couleur. Servez-les avec du persil frit autour.

Ris de veau piqués.

On les pique ; on les fait cuire au four dans une bonne réduction, pendant trois quarts-d'heure ; on les glace d'une belle couleur, et on les met sur de l'oseille ou de la chicorée à la crême.

Du rognon de veau.

Les rognons de veau ne se servent pas de la même manière que ceux de mouton, parce qu'on le laisse au morceau dont il dépend, et que l'on fait rôtir le tout ensemble.

Longe de veau.

La longe de veau se sert pour grosse pièce du milieu. On la fait cuire à la broche, enveloppée de papier, et on la sert avec une poivrade dessous. Pour qu'elle soit meilleure, on pique le dessus de petit lard.

Casis de veau.

Il ne s'emploie, dans les grandes cuisines, que pour les consommés, le blond de veau et l'empotage.

4

A l'égard des cuisines bourgeoises, on peut mettre du beurre dans une casserole, le faire cuire avec des carottes, des oignons, une feuille de laurier, deux verres de bouillon, le faire mijoter pendant une heure et demie ou deux heures, et on le sert avec des légumes. On le met quelquefois à la broche.

Casis glacé.

Pour le glacer, on le pique de petit lard et on le fait cuire comme le fricandeau.

Casis à la daube.

On l'assaisonne et on le fait cuire comme le dindon en daube.

Poitrine de veau en fricassée de poulets.

Pour l'accommoder de cette façon, il faut la faire dégorger et blanchir auparavant.

Poitrine de veau farcie.

Après avoir coupé le bout des os des côtes qui se trouvent dans la poitrine, on fait une incision entre la peau et les côtes; alors on met, entre cette peau et les côtes, telle farce de viande que l'on jugera à propos; on coud la peau, afin que la farce ne puisse s'écouler; on la sert avec telle sauce ou ragoût de légumes que l'on veut, comme à la farce, aux laitues, aux petits pois, aux cornichons, aux racines, etc.

Poitrine aux choux et au lard.

Vous faites blanchir un chou et un morceau de petit lard coupé en tranches tenant à la couenne; vous ficelez l'un et l'autre à part; vous y joignez votre poitrine de veau coupée par morceaux et blanchie, et vous faites cuire le tout ensemble avec du bouillon : n'y mettez point de sel à cause du lard. Quand tout est cuit, vous retirez le chou et la viande que vous dressez dans un plat; vous dégraissez le bouillon; vous y mettez un peu de coulis, et vous faites réduire la sauce, si elle est trop longue; si en la goûtant vous la trouviez trop salée ôtez-en l'âcreté avec un peu de sucre : versez-la viande.

Poitrine de veau à l'allemande.

Après l'avoir fait blanchir, vous la mettez cuire entière avec un peu de bouillon, un demi-verre de vin blanc, un bouquet garni, sel, poivre; quand elle est cuite, vous la dressez sur un plat, en renversant la peau sur les côtes, pour laisser les tendons à découvert; vous versez par-dessus une sauce allemande ; vous faites ensuite bouillir encore un instant, et vous y mettez un peu de gros poivre.

Poitrine à la braise.

Il faut la faire cuire dans une bonne braise, bien assaisonnée, et vous la servez avec telle sauce ou tel ragoût que vous jugez à propos.

Poitrine au coulis de lentilles ou de pois.

La poitrine coupée par morceaux de la longueur d'un doigt, vous la faites blanchir, puis cuire avec du bouillon, une demi-livre de lard coupé en tranches, un bouquet garni, peu de sel : pendant qu'elle cuit, vous préparez votre purée de lentilles ou de pois secs, que vous verdissez avec une poignée d'épinards cuits à l'eau et pilés; vous passerez la purée avec la cuisson des tendons pour lui donner du corps, et vous y mettez les tendons et le lard : si la purée est trop claire, vous ferez réduire.

Tendons de veau aux tomates.

Vous préparez des tendons entiers formant demi-cercle, c'est-à-dire les tendons de deux poitrines que vous ne couperez pas; vous les ferez cuire comme les mets dits à la poéle : au moment de servir, vous les égouttez, les glacez et les dressez sur le plat, de manière à figurer le bord d'une tourte : vous versez dans le milieu une sauce tomate.

Tendons de veau en haricot vierge.

On lève les tendons d'une poitrine de veau, et on les fait dégorger et blanchir. On les fait cuire entre deux bardes de lard, dans un bon fond, et lorsqu'ils sont cuits (ce que l'on connaît quand les tendons sont flexibles), on les égoutte sur un plafond, et on met par-dessus un couvercle de casserole, avec un poids, pour leur faire prendre une belle forme; on les pare et on les met dans un plat à sauter avec son fond clarifié et réduit : on fait blanchir ensuite une cinquantaine de petits navets gros comme des olives; on les fait cuire dans du consommé et un peu de sucre; on les lie avec une béchamelle bien blanche; on dresse les tendons en miroton, et on met les navets au milieu.

Carré de veau.

Ce morceau s'emploie en bien des façons; on le coupe par têtes, on ôte les os du bas, mais on laisse la côte : on sert cuit sur le gril, comme les côtelettes de mouton.

Carré de veau à la bourgeoise.

On pare un carré de veau et on pique le filet avec des lardons de lard assaisonnés d'un bon goût et de fines herbes; on le met dans une braisière avec une carotte, un oignon en tranches, et un bouquet garni; on le mouille avec une cuillerée à pot de bon consommé; on le couvre de bardes de lard, et on le fait cuire ainsi pendant deux heures et demie; on le change de braisière, et on passe son fond par-dessus, lequel on fait réduire à courte sauce, afin que le carré de veau glace d'une belle couleur : on le sert sur de la chicorée ou de l'oseille, enfin avec ce que l'on juge à propos.

Côtelettes de veau à la lyonnaise.

Coupez par côtelettes un carré de veau; appropriez-les, lardez-les d'anchois, de lard, de cornichons; assaisonnez de sel, gros poivre; faites-les mariner, avec de l'huile, peu de sel, persil, ciboule, échalotte; faites-les cuire à petit feu dans leur marinade entre deux bardes de lard, et servez-les avec une sauce faite avec persil, ciboules et échalottes hachés, sel, gros poivre, un bon morceau de beurre manié de farine, une cuillerée d'huile fine, deux cuillerées de bouillon : après que cette sauce sera lié sur le feu, vous y mettrez un jus de citron.

Côtelettes de veau en papillottes.

On coupe les côtelettes un peu minces, on les met dans des carrés de papier blanc avec sel, poivre, persil, champignons, échalottes, le tout haché très fin, et du beurre; on entortille le papier autour de la côtelette dont on laisse sortir le bout; on huile le papier en-dehors; on les fait cuir à petit feu sur le gril, après avoir mis une feuille de papier huilée dessous les côtelettes : on les sert avec le papier qui les enveloppe.

Côtelettes grillées panées.

On pare les côtelettes et on les assaisonne avec un peu de sel et de gros poivre ; après on fait tiédir un morceau de beurre, on trempe dedans chaque côtelette ; sortant du beurre, on les mettra dans une casserole où sera la mie de pain ; on les tournera dedans ; on les en sortira pour y mettre encore de la mie de pain. Une demi-heure avant de servir, on les mettra sur un gril à un feu doux, afin que la mie de pain ne prenne pas trop de couleur ; quand elles sont cuites, on les dresse et on met un jus clair dessous.

Côtelettes de veau au petit lard.

Coupez par tranches un quarteron de petit lard ; faites-le un peu rissoler dans gros comme un œuf de beurre ; mettez alors des côtelettes de veau, que vous ferez cuire à petit feu, de manière qu'elles rissolent dans le beurre ; ayez soin de les retourner de temps en temps jusqu'à ce qu'elles soient cuites ; ôtez-les ainsi que le lard de la casserole pour les mettre sur un plat : ne laissez dans la casserole que moitié de la graisse, et mettez-y deux échalottes et une pincée de persil hachés, peu de sel, gros poivre ; mouillez avec un demi-verre de vin blanc, et autant de bouillon et d'eau ; faites réduire à moitié ; remettez dans votre réduction les côtelettes et le lard, en ajoutant une liaison de trois jaunes d'œufs délayés avec deux cuillerées de bouillon ; faites lier sur le feu sans bouillir, et versez dessus un filet de vinaigre.

Côtelettes de veau à la poële.

Il faut couper le collet par côtes, ôter les os et ne laisser que la côte. Vous mettez alors vos côtelettes dans une casserole avec du lard fondu, persil, ciboule, un peu de truffes, le tout haché très fin, sel, poivre, une tranche de citron, sans la peau ; vous les couvrirez avec une barde de lard, et vous les ferez cuire à petit feu sur de la cendre chaude : quand elles seront cuites, vous les ôterez de la casserole ; vous les essuierez de leur graisse ; vous les dresserez sur le plat : vous ôterez la tranche de citron de la sauce ; vous y mettrez un peu de coulis ; vous la remettrez un instant sur le feu, et vous la verserez sur les côtelettes.

Côtelettes de veau à la cuisinière.

Les côtelettes appropriées, on met dans le fond d'une casserole un quarteron de petit lard coupé en tranches, un peu de beurre et les côtelettes par-dessus ; on les fait cuire à petit feu dans leur jus en les retournant souvent ; lorsqu'elles sont cuites, on les dresse sur un plat, les morceaux de lard par-dessus. On met dans leur cuisson une liaison de trois jaunes d'œufs, du bouillon, du persil blanchi haché, une échalotte hachée, on détache tout ce qui peut tenir à la casserole ; on fait lier sur le feu, et on met un filet de vinaigre, un peu de gros poivre et un peu de sel, si le lard n'a point assez salé ; on verse la sauce sur les côtelettes.

Epaule de veau.

On fait rôtir ordinairement l'épaule de veau ; on l'embroche sous le manche, en faisant passer la broche dans la palette. Il faut deux heures pour la cuire à son point.

Epaule de veau à la bourgeoise.

On met l'épaule de veau dans une terrine avec un demi-setier d'eau, deux cuillerées de vinaigre, sel, gros poivre, persil, ciboules, deux gousses d'ail, une feuille de laurier, deux ou trois oignons coupés en tranches, deux clous de girofle et un morceau de bon beurre : on couvre la terrine avec un couvercle, et on bouche les bords avec de la farine délayée avec un peu d'eau ; on la met cuire au four pendant trois heures ; ensuite on dégraisse la sauce pour la passer au tamis, et on la verse sur l'épaule.

Noix de veau en papillottes.

On lève une noix de veau et on en ôte toutes les parties nerveuses, c'est-à-dire ce qui la couvre ; on la pique de lardons bien assaisonnés ; on la fait mortifier pendant plusieurs jours dans des fines herbes hachées et trois quarterons de beurre fondu et clarifié à moitié, le tout assaisonné d'un bon goût ; on l'enveloppe ensuite dans sept à huit feuilles de papier blanc huilées, et on le fait cuire pendant trois bonnes heures dans un four un peu doux, ou sur un gril couvert d'un four de campagne. Au moment de servir, on l'ouvre avec des ciseaux, et on met dedans une italienne rousse.

Noix de veau aux truffes.

On unit trois noix de veau en ôtant légèrement la viande qui les dépare ; on les larde partout de lardons et de truffes maniés ensemble avec du sel fin, du persil, de la ciboule et des truffes hachés; on les fait cuire avec de bon bouillon; ensuite on dégraisse la sauce; on y met deux cuillerées de coulis; on fait réduire de manière qu'elle ne soit ni trop courte, ni trop longue, et on la verse sur les noix de veau.

Blanquette de veau à la bourgeoise.

On fait cuire à la broche un carré de veau ou une petite longe; lorsqu'elle est cuite à forfait et refroidie, on en lève adroitement le filet, lequel on met en petits morceaux comme une pièce de deux sous; on le met ensuite dans une casserole, entre deux bardes de lard, et on le fait chauffer pendant une demi-heure dans une étuve au bain-marie. On fait clarifier et réduire deux cuillerées à pot de coulis blanc ou velouté, avec un peu de consommé; on le lie avec trois jaunes d'œufs, et on ajoute à cela un bon quarteron de beurre frais, le jus d'un citron et une pincée de persil blanchi; on jette la blanquette de veau dans cette sauce et on la sert chaudement avec des croûtons autour. On peut, si on le juge à propos, la mettre dans un vol-au-vent.

Fricandeau.

On lève avec dextérité la noix du cuissot de veau : on fait en sorte que ce soit un veau femelle, afin que cette noix soit couverte de graisse appelée tétine. On la pique dans le sens de la viande avec de gros lardons de lard bien assaisonnés; on l'enveloppe de lard, et on la met dans une braisière avec toutes sortes de légumes et un bon bouquet. On la mouille avec du bon consommé et on la fait bouillir pendant quatre heures. On la dépouille de son lard et on la met ensuite dans une autre braisière, en dégraissant son fond et en le passant par-dessus avec un tamis de soie : on fait ainsi réduire ce fond sur un fourneau un peu vif, et lorsque cette réduction est un peu liée, on retourne de toutes les façons la noix, pour lui donner une couleur égale. On la sert ensuite sur de l'oseille, ou de la chicorée à la crême, enfin, avec ce qu'on juge à propos. Une noix de veau étant sur table, doit être coupée avec une cuillère et non avec un couteau, et à contre-sens du fil de la viande.

Moëlle de veau dite Amourette.

La moëlle se sert marinée et frite pour entremets. (Voyez *Cervelles de veau frites.*)

Queue de veau en hochepot.

Elle s'accommode comme la queue de bœuf, à la seule différence qu'on met les légumes en même temps que la viande, parce que le veau n'est pas dur à cuire.

Queue de veau à la Ste.-Menehould.

Voyez *Queue de bœuf*, la manière de l'arranrer étant la même.

Queue de veau aux choux, à la bourgeoise.

On prend deux ou trois queues de veau, que l'on coupe en deux ; on les fait blanchir un instant avec une demi-livre de petit lard coupé en tranches ; après on fera aussi blanchir la moitié d'un gros chou coupé en morceaux ; quand il aura blanchi un quart-d'heure, on le retire à l'eau fraîche et on le presse bien ; on ôte les trognons et on le ficelle. On met les queues dans une marmite avec le petit lard ficelé et les choux, un bouquet de persil, ciboule, de la muscade ; on les mouille avec du bouillon , un peu de sel, gros poivre. On fait bouillir à petit feu jusqu'à ce que les queues soient cuites. On retire le tout de la marmite pour l'égoutter et essuyer de sa graisse. On dresse les queues, en- tremêlées de choux , le petit lard par-dessus ; on saucera avec un peu d'espagnole réduite et d'un bon goût.

Queues de veau à la braise.

Les queues de veau, cuites à la braise, comme la langue de bœuf, se mettent aussi avec différens ragoûts de légumes.

Cuissot de veau.

Le cuissot de veau, qui comprend la rouelle et le jarret, est, pour ainsi dire, le fondement de la cuisine, puisque l'on en tire le jus de veau, les restaurans, les coulis et toutes sortes de sauces, et qu'il sert à donner du corps à diverses braises, et à faire des farces, des pâtés gros et petits, et beaucoup d'entrées de différentes façons.

Rouelle de veau à la couenne.

Coupez par morceaux en tranches de la rouelle de veau que vous piquerez de lard ; assaisonnez de sel , poivre, persil, ciboule, échalotte, pointe d'ail, le tout haché. Prenez de la couenne de lard nouveau ; coupez-la aussi par morceaux ; mettez dans une terrine un lit de tranches de veau et un lit de couennes. Continuez jusqu'au bout ; mouillez ensuite avec un verre d'eau et autant d'eau-de-vie ; faites cuire quatre à cinq heures sur des cendres chaudes, et servez comme du bœuf à la mode.

Rouelle de veau à la crême.

Votre rouelle coupée en morceaux de la grosseur d'un œuf, vous lardez chaque morceau en travers avec du gros lard assaisonné de sel, fines épices, persil, ciboule et champignons hachés. Vous la mettrez dans une casserole avec un peu de beurre; vous la passerez sur le feu; vous mettrez alors une bonne pincée de farine mouillée avec du bouillon et un verre de vin blanc : votre rouelle cuite et la sauce bien réduite, vous ajouterez une liaison de trois jaunes d'œufs délayés avec de la crême, que vous ferez lier sur le feu.

Rouelle de veau entre deux plats.

Vous prendrez le plus épais morceau de rouelle que vous pourrez; vous le larderez de gros lard, avec persil, ciboule, champignons, pointe d'ail, le tout haché, sel et poivre. Vous mettrez votre veau dans une casserole bien couverte : vous le ferez cuire à très petit feu, dans son jus, avec un oignon, deux racines; vous dégraisserez le peu de sauce qu'il aura rendu, et vous la servirez sur le veau.

Veau en Paupiettes.

On coupe des tranches de veau de la largeur de deux doigts et de la longueur au moins de trois doigts ; on les aplatit avec le couperet de l'épaisseur d'un petit écu ; on couvre chaque tranche avec de la farce de godiveau ou autre farce de viande, et on la roule ; on entoure les paupiettes de barde de lard, on les ficelle, et on les met cuire à la broche enveloppées de papier. Quand elles sont cuites, on pane le dessus des bardes, on leur fait prendre une couleur dorée avec un feu clair, et on les sert avec une sauce d'un jus clair.

DU MOUTON.

Les meilleurs moutons et les plus estimés sont ceux du Pré-Salé et ceux des Ardennes : quoique fort petits , ils sont d'une chair tendre et d'un goût excellent. Les moutons bien nourris et dont la chair est noire , sont les meilleurs. Les aromates conviennent assez au mouton bouilli.

Les parties du mouton le plus en usage en cuisine sont : le gigot, le carré, l'épaule, le collet ou bout saigneux, les rots de biff, la poitrine, le filet, la langue, les rognons, les pieds, les rognons extérieurs appelés auimelles, la queue.

Cervelles de Mouton.

Les cervelles de mouton se préparent, s'arrangent et se font cuire comme les cervelles de veau.

Carré de Mouton.

On le sert sur le gril, coupé en côtelettes : on trempe ces côtelettes bien parées dans du beurre fondu, sel, poivre ; on les pane de mie de pain et on les fait cuire sur le gril. Pendant qu'elles cuisent, on les arrose avec un peu de beurre, pour qu'elles ne soient pas si sèches. Quand elles seront cuites, on les servira avec un jus clair.

Carré de Mouton à la poivrade.

On pare deux carrés de mouton et on les pique de lard, on les fait mariner un ou deux jours dans un demi-verre d'huile, le jus d'un citron, sel, poivre, aromates, deux oignons en tranches et du persil en branches. Une heure avant de servir, on les fait cuire à la broche, et on les glace d'une belle couleur : on sert avec une poivrade dessous.

Carré de Mouton à l'anglaise aux lentilles.

Votre carré de mouton coupé en côtelettes, vous le faites cuire avec du bouillon, peu de sel, un bouquet garni : vous le mettez ensuite dans une terrine qui aille sur le feu, avec moitié du coulis que vous aura produit un litron de lentilles, et que vous ne tiendrez pas trop clair ; vous couvrirez avec de la mie de pain grillée d'un côté ; vous mettrez ensuite bouillir votre terrine pendant une heure dans le four. Quand vous serez prêt à servir, vous verserez dans la terrine le restant du coulis.

Carré de mouton au persil.

On coupe proprement un carré de mouton en levant les peaux qui se trouvent sur les filets ; on pique tout le carré avec du persil en branche et bien vert, puis on le fait cuire à la broche ; lorsque le persil est bien sec, on arrose le rôti avec du saindoux chaud ; on continue de l'arroser jusqu'à ce qu'il soit cuit : on met un peu de jus dans une casserole avec quelques échalottes hachées, sel, gros poivre, et on sert cette sauce chaude sous le carré.

Carré de mouton en crépine.

Coupez en tranches environ dix ou quinze oignons, selon qu'ils sont gros; passez-les sur le feu avec un morceau de beurre en les remuant souvent jusqu'à ce qu'ils soient cuits à forfait : coupez un carré de mouton en côtelettes, et faites-les cuire à petit feu avec du bouillon, un peu de sel et du gros poivre ; lorsqu'elles sont cuites, faites réduire la sauce jusqu'à ce qu'elle s'attache toute après les côtelettes ; retirez-les alors de la casserole ; égouttez la graisse qui est dans la casserole, et faites détacher ce qui y reste avec un demi-verre de bouillon ; passez cette petite sauce dans un tamis pour la mettre avec les oignons et trois jaunes d'œufs ; faites-les lier sur le feu sans bouillir, de crainte que la liaison ne tourne ; prenez alors de la crépine, que vous aurez dans de l'eau ; pressez-la bien pour la couper en autant de morceaux que vous avez de côtelettes ; étendez sur chaque crépine une des côtelettes avec de l'oignon autour de la côtelette ; enveloppez le tout avec la crépine, et soudez-en tous les bords avec de l'œuf battu pour les paner de mie de pain ; arrangez vos côtelettes sur un plat qui aille sur le feu ; arrosez tout le dessus avec de la graisse ou de l'huile d'olive ; mettez votre plat au four ou dessous un couvercle de tourtière, jusqu'à ce que vos côtelettes aient pris une couleur dorée ; en les retirant mettez-les égoutter sur un linge, et, au moment de servir, mettez sous les côtelettes une sauce faite avec un demi-verre de vin blanc, autant de bouillon, un peu de jus, de sel, du poivre, et que vous ferez réduire à moitié.

Carré de mouton à la Conti.

Vous approprierez un carré de mouton en levant les peaux qui se trouvent sur un filet: vous couperez en lardons un quarteron de petit lard bien entrelardé et deux anchois lavés, que vous aurez maniés avec un peu de gros poivre, deux échalottes, persil, ciboule, trois feuilles d'estragon hachés, trois feuilles de basilic en poudre; vous larderez tout le filet avec le lard et les anchois; vous mettrez votre carré avec toute la fourniture dans une casserole; vous mouillerez avec un verre de vin blanc et autant de bouillon; vous ferez cuire à petit feu; vous dégraisserez ensuite la sauce dans laquelle vous ajouterez gros comme une noix de beurre manié avec une pincée de farine; vous ferez lier la sauce et vous la servirez sur le carré.

Côtelettes de mouton à la Poéle.

Vous mettez vos côtelettes dans une casserole avec un morceau de bon beurre; vous les passez sur un feu modéré en les retournant de temps en temps, jusqu'à ce qu'elles soient cuites; vous les retirez de la casserole pour les égoutter de leur graisse : vous laissez environ une demi-cuillerée de graisse dans la casserole; vous y versez un verre de bouillon et vous y mettez en même temps du sel, du gros poivre et de l'échalotte hachée; après que vous aurez fait détacher en bouillant ce qui tient à la casserole, vous y remettrez les côtelettes avec trois jaunes d'œufs; vous ferez lier sans bouillir, et en servant vous mettrez dans la sauce un peu de muscade et un filet de vinaigre.

Côtelettes de mouton à la Soubise.

De deux carrés de mouton, on en forme dix côtelettes, à chacune desquelles on laisse seulement un os; on ne les pare pas et on les pique de lard bien assaisonné; on les fait cuire dans une bonne braise, et, au bout de quelques heures, lorsque l'on voit qu'elles sont cuites, on les retire et on les met sur un plafond avec un couvercle et un poids par-dessus, pour leur faire prendre une belle forme; lorsqu'elles sont bien froides, on les pare proprement et on les met dans un plat à sauter, avec son fond que l'on fait clarifier et réduire. Au moment de servir, on les dresse en miroton, avec un cordon de petits oignons glacés autour, et une purée d'oignons blancs au milieu. Pour faire cette purée, on émince une dixaine d'oignons blancs et on les fait blanchir; on les fait cuire à petit feu, dans du beurre et une petite lame de jambon; on les mouille avec du coulis blanc, et on les fait réduire avec une chopine de bonne crème; quand elle est assez réduite, on la passe à l'étamine.

Côtelettes de mouton sautées.

On ôte de ses côtelettes la peau et les os, excepté l'os de la côte, en leur donnant une forme ronde du côté du filet; on fait en sorte de les approprier tellement qu'on puisse prendre la côtelette avec les doigts sans toucher à la viande; on les met dans le sautoir et on les assaisonne; l'on verse dessus du beurre tiède. Au moment du service, l'on place le sautoir sur un feu modéré, ayant soin de tourner les côtelettes; pour les cuire à propos, cinq ou six minutes suffisent; lorsqu'elles sont fermes, on les retire du feu et on les sert chaudement avec une demi-glace.

Côtelettes de mouton grillées panées.

On préparera les côtelettes comme celles ci-dessus ; après les avoir assaisonnées de sel, de gros poivre, on les trempe dans du beurre tiède ; quand elles en seront imbibées, on les saupoudrera de mie de pain, ayant soin qu'elles en prennent suffisamment ; on les dépose ensuite sur un couvercle de casserole, en y remettant de la mie de pain dessus et dessous ; un quart-d'heure avant de les servir, on les met sur le gril, à un feu un peu chaud ; il faut avoir soin surtout que les côtelettes ne cuisent pas trop et que la mie de pain ne brûle. On les dresse avec un jus clair dessous.

Côtelettes de mouton au gratin.

Vos côtelettes passées sur le feu avec un peu de lard fondu ou du beurre, persil, ciboule et échalottes hachés, et cuites à petit feu avec un mouillement de bouillon assaisonné de sel, gros poivre, vous dégraissez la sauce et y mettez un peu de coulis : pour lier cette sauce, vous couvrez, de l'épaisseur d'un petit écu, tout le fond d'un plat, d'un petit gratin fait avec une poignée de mie de pain passée à la passoire, mêlée avec gros comme la moitié d'un œuf de beurre, trois jaunes d'œufs, un peu de persil et de ciboule hachés très fin et peu de sel ; vous mettez ce plat sur de la cendre chaude pour que ce gratin s'attache après ; quand il y est bien attaché, vous en égouttez le beurre qu'il y a de trop, et vous servez dessus vos côtelettes. On peut servir de cette façon plusieurs sortes de ragoûts.

Côtelettes de mouton à la ravigote.

Lorsque vous aurez fait cuire vos côtelettes comme les précédentes, en mettant une pincée de farine avant de mouiller avec du bouillon, et un bouquet garni au lieu de fines herbes hachées, vous dégraisserez la sauce; vous délaierez trois jaunes d'œufs et des herbes à ravigote pilées très fin avec de cette sauce; vous mettrez cette liaison dans la casserole; vous ferez lier la sauce sans bouillir; vous dresserez votre viande et verserez la sauce dessus.

Côtelettes de mouton à la purée de navets.

On fait mariner les côtelettes avec du sel, du poivre, un peu de graisse de pot ou d'huile; on les fait griller en les arrosant avec le restant de la marinade, et on les sert sur de la purée de navets ou toute autre.

Epaule de Mouton en ballon.

On désosse et on l'arrondit; on la fait tenir à force de ficelles, puis on la met cuire, comme la langue de bœuf, dans une bonne braise bien assaisonnée; quand elle est cuite et bien essuyée de sa graisse, on la sert avec telle sauce ou purée que l'on veut.

Epaule de Mouton à l'eau.

Ce plat s'accommode comme le gigot à l'eau.

Epaule de Mouton à la broche.

Cuite de cette façon, on la sert avec une sauce à la ciboulette ou à l'échalotte, un ragoût de chicorée ou de laitue.

Epaule de Mouton à la Roussie.

Elle s'accommode comme le carré de mouton au persil.

Epaule de Mouton à la Sainte-Menehould.

Prenez une épaule de mouton que vous dé-sosserez et ferez cuire dans une bonne braise ou avec un peu de bouillon, un bouquet de persil, des ciboules, une gousse d'ail, deux ou trois clous de girofle, une feuille de laurier, du thym, des oignons, des racines, du sel et du poivre; quand elle est cuite, vous l'ôtez de la casserole, vous l'égouttez et la dressez sur le plat que vous devez servir; vous mettez dessus un peu de coulis bien assaisonné et bien réduit, et vous la panez avec de la mie de pain bien fine : vous délayez trois jaunes d'œufs avec un peu de beurre fondu et en arrosez l'épaule que vous panez encore; vous la mettez dans un four de moyenne chaleur et l'arrosez de temps en temps avec du beurre fondu; lorsquelle à une belle couleur, servez-la avec un fond clarifié et réduit.

Epaule de Mouton au Four.

Lardez, si vous voulez, une épaule de mouton avec du petit lard; mettez dans le fond d'une terrine proportionnée à la grandeur de l'épaule, deux ou trois oignons en tranches, un panais et une carotte coupés en zestes, une gousse d'ail, deux clous de girofle, une demi-feuille de laurier, quelques feuilles de basilic, un bon demi-setier d'eau, ou mieux de bouillon, sel, poivre (si l'épaule est lardée, il faut moins de sel); mettez l'épaule dessus et faites-la cuir au four : passez-en ensuite la sauce au tamis, et pressez-en fort les légumes pour qu'ils fassent une petite purée claire et lient la sauce ; dégraissez cette sauce et servez-la dessus l'épaule.

Saucisson d'une Epaule de Mouton.

Désossez à forfait une épaule de mouton; étendez-la le plus que vous pourrez; mettez dessus une farce de godiveau de l'épaisseur d'un petit écu ; arrangez sur cette farce des cornichons et du jambon coupés en filets; remettez un peu de farce dessus, seulement pour les faire tenir ; roulez l'épaule, enveloppez-la bien serrée dans un linge, et faites-la cuire avec un peu de bouillon, un bouquet garni, oignons, carottes, panais, sel, poivre : la cuisson faite, passez la sauce au tamis après l'avoir dégraissée ; faites-la réduire, si elle est trop longue, et mettez-y une cuillerée de coulis pour la lier : versez-la ensuite sur l'épaule.

Collet de Mouton.

On le fait cuire à la braise, et on le sert, soit avec un ragoût de navets, ou de concombres, ou de céleri, ou de passepierre, soit avec une sauce hachée, ou à l'anglaise, ou à la ravigotte.

On l'accommode encore de cette façon : on le fend, puis on le met dans le pot ; quand il est cuit, on le met sur le gril avec de la graisse de pot, persil et ciboule hachés, sel, poivre, et pané de mie de pain; on sert dessous une sauce au verjus.

Filet de Mouton en Brezolles.

On pare un filet de mouton entier de toutes

ses filandres, et on le coupe mince; on le met ensuite dans une casserole, lit par lit, avec persil, ciboule, champignons, une pointe d'ail, le tout haché, sel, gros poivre; on le fait cuire à la braise à très petit feu; on le dégraisse, on détache les filets, et on ajoute un peu de coulis dans la sauce.

Filets de Mouton en chevreuil.

On pare proprement douze filets mignons de mouton, et on les pique de lard; on les fait mariner trois ou quatre jours dans le vinaigre, des aromates, du persil en branches et de l'oignon en tranches; un instant avant de servir, on les fait cuire dans une demi-'glace et on les glace d'une belle couleur : on sert chaudement avec une sauce poivrade.

Filets de Mouton grillés aux Pomme de Terre.

Vous panez douze filets mignons de mouton; vous les assaisonnez de sel et mignonnette, et les trempez dans du beurre. Au moment de servir, vous les faites griller et les glacez d'une belle couleur; vous les dressez ensuite sur le plat avec des pommes de terre dans le milieu, frites au beurre et bien assaisonnées.

Rôt-de-Bif.

On le met entier à la broche, piqué de petit lard, servi dans son jus, pour pièce du milieu.

Rôt-de-Bif à la Sainte-Menehould.

On le fait cuire à la braise comme la langue de bœuf; ensuite on la panne; on lui fait prendre couleur au four, et on sert dessous une bonne sauce.

Cuit à la braise, on le sert encore déguisé avec différens ragoûts de légumes ou différentes sauces.

Rôt-de-Biff en fricandeau.

On le pique bien; on le fait cuire comme un fricandeau, et on le glace de même.

Gigot de Mouton à l'eau.

Désossez le casis de votre gigot jusqu'à l'os de la cuisse; piquez l'intérieur de votre gigot avec de gros lardons assaisonnés de sel, poivre, ail et des quatre épices. Vous le ficellerez; vous mettrez quelques bardes de lard par dessous, des carottes, des oignons, clous de girofle, trois feuilles de laurier et un peu de thym; mouillez votre gigot avec de l'eau; mettez - y du sel; ayez soin qu'il baigne dans l'eau; faites-bouillir pendant cinq heures. Déficelez-le avant que de le servir, et mettez-le sur un plat avec un peu du mouillement dans lequel il a cuit et que vous passerez à l'étamine.

On peut servir si l'on veut, à l'entour, des pommes des terre tournées et cuites avec le gigot, ou bien une sauce tomate.

Gigot à la Périgord.

Coupez des truffes et du lard en petits lardons; remuez - les ensemble avec sel, fines épices, persil, ciboule, pointe d'ail, le tout haché. Lardez partout votre gigot de truffes et de lard; enveloppez-le pendant deux jours dans du papier, de façon qu'il ne prenne point l'air. Faites-le cuire alors dans une casserole, dans son jus, enveloppé de tranches de veau et de lard. Dégraissez la sauce où il a cuit, et ajoutez-y une cuillerée de coulis.

Gigot à la persillade.

Vous parez et ficelez un gigot mortifié, et vous le faites cuire avec du bouillon, très peu de sel, un bouquet garni. Quand le gigot sera cuit, vous le retirerez ; vous dégraisserez le bouillon, et le ferez réduire jusqu'à ce ce qu'il prenne toute la substance de la viande. Vous aurez soin de le remuer, de crainte qu'il ne s'attache. Lorsqu'il ne restera plus de sauce dans la casserole, vous dresserez le gigot sur un plat. Vous mettrez dans la casserole un coulis clair, pour détacher ce qui y reste ; vous mettez, dans cette sauce, du persil blanchi et haché très fin, vous l'assaisonnez et la versez sur le gigot.

Gigot à la poéle.

On coupe un gigot de mouton dans toute sa longueur par tranches épaisses de deux doigts ; on en fait ainsi quatre morceaux qu'on larde avec du lard assaisonné de persil, ciboule, champignons, ail, le tout haché, sel, poivre. On fonce une casserole de quelques bardes de lard et tranches d'oignons. On met dessus les morceaux de gigot ; on couvre bien la casserole, et on fait cuire à très petit feu dans son jus. A la moitié de la cuisson, on ajoute un verre de vin blanc. On dégraisse la sauce, on y met un peu de coulis, si on en a, et on la sert courte.

Gigot à l'Anglaise.

On coupe un peu le manche et la peau sur l'os du joint, pour pouvoir plier le manche sans défigurer le gigot. On le larde en travers avec du gros lard ; on ficelle, et on le met dans une marmite avec du bouillon, un bouquet garni de toutes sortes d'aromates, sel et poivre. Lorsqu'il est cuit, on l'essuie de sa graisse avec un linge, et on le sert avec la sauce suivante. On met dans une casserole un verre de bouillon, presque autant de coulis, des câpres, un anchois, un peu de persil, ciboule, échalotte, un jaune d'œuf dur, le tout haché très fin, et on fait bouillir deux ou trois bouillons.

Gigot aux choux-fleurs glacé de Parmesan.

Le gigot et les choux-fleurs cuits comme les précédens, mais avec moins de sel, et préparés de même sur un plat, on arrose le dessus avec un peu de la sauce indiquée ; on couvre la sauce avec du parmesan râpé ; on arrose de nouveau avec le restant de la sauce, et on recouvre de parmesan ; ensuite on met le plat sur un fourneau doux ; on le couvre avec un couvercle de tourtière, que l'on garnit de feu, et on l'y laisse jusqu'à ce qu'il soit d'une couleur dorée et de sauce courte. Il faut, avant de servir, essuyer les bords du plat et égoutter la graisse de dessus la sauce.

Gigot aux cornichons.

On met cuire un gigot dans une marmite avec un peu de bouillon ou de l'eau, un bouquet bien garni, deux oignons, deux carottes, un panais, sel, poivre ; on passe la sauce au tamis ; on la dégraisse ; on la fait réduire en glace ; on en glace partout le gigot, et on sert dessous un ragoût aux cornichons, qui se fait en mettant dans une sauce liée des cornichons coupés en deux ou trois morceaux, selon leur grosseur, ratissés un peu et blanchis un instant à l'eau bouillante pour leur ôter la force du vinaigre.

Gigot à la régence.

On coupe un gigot en travers, en trois ou quatre morceaux ; on larde chaque morceau de gos lard assaisonné de sel, fines épices, fines herbes hachées. On les 'fait cuire de même façon que le bœuf à la royale, et on le sert chaud pour entrées, ou froid pour entremets.

Gigot de Mouton à la Génoise.

Ayez un bon gigot que vous ferez mortifier à point ; levez-en la peau sans la détacher du manche ; lardez toute la chair avec du céleri à moitié cuit dans une braise ou du bouillon, des cornichons coupés en gros lardons, quelques branches d'estragon blanchi, du lard : le tout assaisonné légèrement, et quelques filets d'anchois. Remettez la peau par dessus, de façon qu'il n'y paraisse point ; arrêtez-la avec de la ficelle, de crainte qu'elle ne se retire en cuisant. Mettez votre gigot à la broche comme à l'ordinaire, et, lorsqu'il sera cuit, vous le servirez avec une partie de son fond, que vous ferez réduire.

Gigot à la Bourgeoise.

Vous avez un gigot que vous préparez comme celui dit à l'eau ; vous le mettez dans une braisière avec douze carottes, douze oignons, deux feuilles de laurier, deux clous de girofle, douze pommes de terre, un bouquet de persil et ciboule, plein une cuillère à pot de bouillon ou

d'eau; alors vous y ajouterez du sel, une livre
de petit lard que vous coupez en six morceaux;
vous en ôtez le dessus et le dessous ; vous le
ferez mijoter pendant trois heures et demie , en
le retournant de temps en temps; ayez soin que
le feu aille toujours. Au moment de servir,
vous déficelez votre gigot; vous le dressez sur
le plat avec vos légumes à l'entour; si votre
mouillement est trop long, vous le ferez réduire, et vous le mettrez sur votre gigot. Tâchez qu'il ait une belle couleur, ou bien il faut
le glacer.

Gigot de Mouton de Sept Heures.

Vous avez un gigot de mouton que vous désossez jusqu'à la moitié du manche; vous l'assaisonnez de lardons, de sel, de gros poivre,
de thym et de laurier pilés, et vous piquez le
dedans de votre gigot: ne faites pas sortir vos
lardons par dessous ; quand il est bien piqué ,
vous lui faites reprendre sa forme première ;
vous le ficelez de manière qu'on ne s'aperçoive
pas qu'on l'ait désossé; vous mettez ensuite des
barbes de lard dans le fond de votre braisière,
quelques tranches de jambon, les os concassés,
quelques tranches de mouton, quatre carottes,
six oignons, trois feuilles de laurier, un peu
de thym, trois clous de girofle, un bouquet de
persil et ciboules, plein une cuillère à pot de
bouillon; vous mettez tout cela dessus votre gigot que vous couvrez de lard , et un papier
beurré pour le recouvrir; vous mettez cuire
votre gigot pendant sept heures, s'il est fort, et
vous le ferez aller à petit feu; vous en mettrez
aussi sur le couvercle de la braisière: au mo-

ment de servir, vous l'égoutterez, vous le dé-
ficellerez, vous le glacerez , et vous le servirez
avec le mouillement réduit dans lequelle il aura
cuit.

Gigot à la Mailly.

Il se fait en désossant le gigot, à la réserve
du manche, et en y faisant des trous partout le
dedans pour y mettre un salpicon : quand on
en a rempli tous les trous, on ficèle le gigot , et
on le met dans une casserole avec un verre de
bouillon, autant de vin blanc, un oignon, une
carotte, un panais ; on les fait cuire à petit feu
bien étouffé, puis on dégraisse la sauce ; on la
passe au tamis; on la fait réduire si elle est trop
longue ; on y ajoute un peu de coulis pour lier,
et on la sert sur le gigot.

Le salpicon se fait ainsi : On coupe en dés du
lard , un peu de jambon, des champignons, des
cornichons ; on assaisonne de sel, fines épices
mêlées, persil , ciboules hachés, thym, laurier et basilic en poudre, et on manie le tout
ensemble.

Hachis de Mouton à la Bourgeoise.

Un gigot rôti se mange rarement entier le
même jour. Le lendemain on fait ordinairement
un hachis de ce qui reste. On lève les chairs,
on en ôte les nerfs et les peaux ; après avoir
haché la viande, on le met dans une casserole ;
on fait réduire quelques cuillerées de coulis, et
au moment de servir, on lie son hachis avec
cette réduction; on y met un demi-quarteron
de beurre, on le fait chauffer, prenant garde
qu'il ne bouille, et on le sert avec des œufs mollets autour.

Haricot de Mouton à la bourgeoise.

On coupe une épaule de mouton par morceaux plus ou moins longs ; on fait un roux avec un peu de beurre et plein une cuillère à bouche de farine ; on le fait roussir sur le feu, en le tournant toujours avec une cuillère, jusqu'à ce qu'il soit d'une belle couleur ; ensuite on y met la viande et on la passe cinq ou six tours sur le feu, en la tournant de temps en temps ; après, on y met du bouillon ; à défaut de bouillon on met une chopine d'eau un peu chaude, qu'on versera peu à peu, afin que le roux puisse bien se délayer, en remuant toujours avec la cuillère jusqu'à ce qu'on ait mis le tout. On assaisonne la viande avec du sel, du poivre, des échalottes, un bouquet de persil, des ciboules, une feuille de laurier, du thym, deux ou trois clous de girofle, deux petits oignons, une gousse d'ail ; on les fait cuire à petit feu ; à moitié de la cuisson, on penche la casserole pour que la graisse vienne dessus ; on l'ôte et on n'en laisse que le moins que l'on peut ; on prend des navets bien ratissés et bien lavés, que l'on coupe par morceaux ; on les met avec la viande et on les fait cuire ensemble ; les navets et la viande étant cuits, on ôte le bouquet, on penche encore la casserole pour enlever la graisse qui reste : si la sauce était trop abondante, on la ferait réduire sur un bon feu, jusqu'à ce qu'elle ne fût ni trop claire ni trop épaisse ; on dresse les morceaux de viande dans le fond du plat, les navets par-dessus, et on arrose le tout avec la sauce.

Langue de Mouton.

On la sert communément grillée. Après l'avoir fait cuire à l'eau, on ôte la peau, on la fend à moitié, on la fait tremper avec de la graisse de pot, ou mieux, de l'huile fine, persil, ciboule, champignons, ail, le tout haché, sel, poivre; on la panne et on la fait griller: on met une sauce au verjus.

Langues de Mouton en Papillottes.

On prend des langues de mouton, que l'on fera cuire dans une bonne braise; lorsqu'elles seront cuites, on les ouvrira en deux et on les laissera refroidir, on maniera beaucoup de fines herbes avec une demi-livre de beurre; on les assaisonnera d'un bon goût, et on y joindra, si l'on veut, un peu d'espagnole réduite; on les enveloppera chacune dans du papier huilé, et on les fera griller bien doucement un instant avant de servir.

Langues de Mouton Braisées.

On prend douze langues de mouton pourfaire une entrée. Après les avoir bien fait dégorger, on les fait blanchir pendant une demi-heure, ensuite on les rafraîchit; on égoutte, on essuie et on coupe le cornet; on les pique avec des petits lardons assaisonnés; on les faits cuire dans une bonne braise pendant cinq ou six heures, et on les égoutte pour en ôter la peau; on les fait mijoter ensuite dans une demi-glace, et on les sert chaudement avec une poivrade.

Langues de Mouton à la broche.

Vous mettez cuire dans l'eau quatre langues avec du sel, un oignon piqué de deux clous de girofle, une carrotte, un panais; lorsqu'elles seront presque cuites; vous en ôterez la peau et

les larderez en travers avec du gros lard, ou
mieux, à la place du gros lard, vous piquerez
tout le dessus de petit lard; vous les embroche-
rez dans un hatelet, et les attacherez à la broche, enveloppées avec du papier graissé; quand
elles seront cuites de belle couleur, vous les
servirez avec la sauce suivante :

On met dans une casserole trois cuillerées de
jus, deux de verjus, un petit morceau de
beurre manié de farine, sel, gros poivre, et on
fait lier sur le feu,

Langues de Mouton à la Flamande.

On passe sur le feu, avec du beurre, deux
ou trois oignons coupés par tranches jusqu'à
ce qu'ils commencent à se colorer, on y jette
alors une pincée de farine; on mouille avec un
verre de vin blanc et un demi-verre de jus, et
on y met des champignons, deux échalottes,
persil et ciboule, le tout haché très fin, sel, gros
poivre, une pointe de vinaigre; on fait bouillir
le tout ensemble un demi-quart-d'heure, puis
on met dans cette sauce trois ou quatre langues cuites dans l'eau, épluchées et fendues eu
deux, sans être séparées, et on les y laisse
bouillir jusqu'à ce qu'elles aient pris goût, et
qu'il ne reste plus que peu de sauce.

Langues de mouton en surtout.

Mettez dans une casserole gros comme un
œuf de bon beurre manié avec une pincée de
farine, un verre de vin rouge, deux cuillerées
de bouillon, persil, ciboule, champignons,
échalottes, demi-gousse d'ail, le tout haché;
basilic en poudre, sel, gros poivre; faites lier

cette sauce sur le feu et un peu bouillir, jusqu'à ce qu'elle soit épaisse ; coupez en filets
minces vos langues de mouton cuites à l'eau ;
versez un peu de votre sauce dans le fond d'un
plat, et sur la sauce un filet de langue ; continuez à mettre des filets de langue l'un sur l'autre, et toujours de la sauce ; bardez tout le tour
de votre viande avec des filets de pain, coupés
proprement ; panez tout le dessus avec de la
mie de pain, et arrosez-le avec du bon beurre
chaud ; placez le plat sur un petit feu pour faire
mijoter ; couvrez-le d'un couvercle de tourtière
avec du feu dessus pour faire prendre couleur
à la mie de pain ; quand elle sera d'une belle
couleur dorée, vous pencherez un peu le plat
pour faire couler le beurre, s'il y en a de trop ;
vous en essuyerez les bords et vous servirez.

Langues de mouton à la poéle.

On met dans une casserole trois langues de
mouton cuites à l'eau, épluchées et fendues,
avec du bouillon, deux cuillerées de coulis, un
verre de vin blanc, persil, pointe d'ail, champignons hachés très fin, un petit morceau de
beurre, sel, gros poivre ; on fait bouillir une
demi-heure, jusqu'à ce que la sauce ne soit ni
trop liée, ni trop claire.

Langues de mouton au gratin.

Les langues cuites comme celles à la braise,
vous mettez dans le fond d'un plat l'épaisseur
d'un écu de farce faite avec de la mie de pain,
un morceau de beurre ou du lard râpé, deux
jaunes d'œufs crus, persil et ciboules hachés,
un peu de coulis ou une cuillerée de bouillon,

sel, gros poivre; vous mêlez le tout ensemble et le placez sur un peu de cendres chaudes, jusqu'à ce que votre farce se soit attachée au plat; ensuite vous en égouttez le beurre, essuyez les bords du plat, et servez dessus les langues avec leur sauce.

Langues de mouton à la cuisinière.

Après les avoir fait griller, comme il est dit à l'article *Langue de Mouton*, on met dans une casserole gros comme un petit œuf de bon beurre, deux jaunes d'œufs crus, deux cuillerées de verjus, un peu de bouillon, sel, poivre, muscade; on tourne cette sauce sur le feu jusqu'à ce qu'elle soit liée comme une sauce blanche, et on la sert dessous les langues.

Pieds de mouton à la poulette.

Vous flambez une quinzaine de pieds de mouton, et en ôtez avec le couteau une petite touffe de poil qui se tient au milieu de la fente du bout du pied; vous les faites cuire dans un blanc, et lorsqu'ils sont cuits, ce qui est au bout de quatre bonnes heures, vous les égouttez sur un torchon blanc, et en ôtez les os de la jambe; vous faites réduire quelques cuillerées de coulis blanc, avec moitié d'un bon maniveau de champignons que vous aurez auparavant passés au beurre; vous les liez avec trois jaunes d'œufs; vous ajoutez à cela un peu plus d'un quarteron de beurre frais : prenez garde de faire bouillir; une pincée de persil blanchi, du jus de citron, et vous jetez vos pieds de mouton dans cette sauce.

Pieds de mouton à la Sainte-Menehould.

Quand ils sont cuits à l'eau et épluchés, vous en ôtez les gros os, et les laissez entiers : vous les mettez dans une casserole avec un bon morceau de beurre, persil, ciboule et ail hachés, sel, poivre ; vous les faites cuire jusqu'à ce qu'il n'y ait presque plus de sauce ; sur la fin, vous les remuez de crainte qu'ils ne s'attachent ; quand ils sont refroidis, vous les trempez dans le restant de la sauce, vous les panez, vous les faites griller, et vous les servez à sec avec une sauce piquante claire.

Pieds de mouton à la ravigote.

Après les avoir fait cuire à l'eau et désossés de leur gros os, on les met dans une casserole avec du bon beurre, un bouquet garni, du bouillon, coulis, sel, poivre ; on les fait bouillir jusqu'à ce que la sauce soit presque réduite, et, au moment de servir, on y ajoute ses herbes à ravigote blanchies, écouttées et hachées très fin : que la sauce ne soit ni trop claire, ni trop épaisse.

Pieds de mouton farcis.

Ayez des pieds de mouton cuits à l'eau ; faites-les mijotez pendant une demi-heure avec un peu de bouillon, sel, poivre, bouquet garni ; ensuite désossez-les le plus que vous pourrez, et à la place des os faites-y entrer de la farce ci-après ; lorsqu'ils seront farcis, si vous voulez les faire frire, trempez-les dans de l'œuf battu, panez-les, faites-les frire de belle couleur, et servez-les sortant de la poêle. Si vous voulez les servir sans être frits, vous les tremperez dans du beurre chaud; vous les panerez; vous leur ferez prendre couleur sur le plat avec le four de campagne, vous en égoutterez la graisse, et vous servirez ainsi, ou avec une sauce d'un jus clair.

Farce. — Vous hachez un petit morceau de viande cuite avec autant de graisse de bœuf, un peu de mie de pain desséchée avec du lait; vous l'assaisonnez de sel, poivre, persil et ciboule hachés, et vous liez avec trois jaunes d'œufs.

Pieds de mouton à l'anglaise.

On prend des pieds de mouton; on les met obuillir une demi-heure, pour prendre goût, avec du bouillon, une cuillerée de verjus, sel, poivre, quelques tranches d'oignons, une gousse d'ail, une racine coupée en zestes; puis on les égoutte, on en ôte les os; on met à la place, pour les imiter, des morceaux de mie de pain coupés de la grosseur et de la longueur des os, que l'on fait frire en les passant sur le feu avec du beurre, jusqu'à ce qu'ils soient d'une belle couleur; on dresse sur le plat et on verse une sauce piquante par-dessus.

Pieds de mouton à la sauce.

De quelque manière qu'on veuille accommoder les pieds de mouton, il faut toujours qu'ils soient d'abord cuits à l'eau, épluchés et désossés; si on veut les servir à la sauce, on les met prendre goût en les faisant bouillir à petit feu une demi-heure avec du beurre, du bouillon, un bouquet bien garni, sel et poivre; on les dresse sur le plat qu'on doit servir, et on verse par-dessus telle sauce qu'on juge à propos, comme à la flamande, à l'espagnole ou autres.

Pieds de mouton en surtout.

Après leur avoir fait prendre goût, comme ci-dessus, on garnit le fond d'un plat d'une farce de telle viande que l'on a; on arrange dessus les pieds de mouton; on recouvre avec de la farce; on unit le dessus avec un couteau trempé dans de l'œuf battu; on panne avec de la mie de pain; on met le plat sur un feu doux; on recouvre le plat avec un four de campagne; qnand le met est d'une belle couleur dorée, on en égoutte la graisse, et on verse autour une sauce piquante claire.

Pieds de mouton au gratin.

Quand ils auront pris goût en les faisant bouillir à petit feu, jusqu'à moitié réduction dans un verre de vin blanc, trois cuillerées de bouillon, autant de coulis, un bouquet garni, sel, gros poivre, on ôte le bouquet, et on les sert sur un gratin comme celui des langues de mouton.

Pieds de Mouton à la sauce robert.

On coupe de l'oignon en filets; on le fait cuire à moitié dans une casserole avec un morceau de beurre. On met ensuite les pieds de mouton, bien épluchés, coupés en trois; on mouille avec du bouillon, un peu de coulis; on assaisonne de sel et de poivre. Le ragoût cuit, on y met de la moutarde, un filet de vinaigre, et on sert à courte sauce.

Poitrine de Mouton.

Elle s'accommode comme le collet (**Voyez** Collet de Mouton.)

Queues de Mouton braisées.

Elles se font comme la langue de bœuf.

Queues de Mouton au riz.

Ayez de belles queues de mouton; faites-les cuire à petit feu avec du bouillon, un bouquet bien garni, sel, poivre; mettez-les ensuite égoutter et refroidir. Passez au tamis la cuisson des queues sans la dégraisser; mettez-la dans une petite marmite avec six onces de riz bien épluché et lavé. Si le mouillement n'est point suffisant, ajoutez de nouveau bouillon; faites cuire le riz à petit feu, et de manière qu'il reste fort épais sans être trop cuit. Quand il sera à moitié froid, vous couvrirez le fond d'un plat avec un peu de ce riz; arrangez toutes les queues avec le restant en leur conservant leur forme; dorez un peu le dessus avec de l'œuf battu; mettez le plat sur un peu de cendres chaudes, sous un four de campagne. Laissez-les-y jusqu'à ce qu'elles soient d'une belle couleur dorée et le riz en croûte; alors vous penchez un peu le plat pour en égoutter la graisse. Essuyez les bords, et servez.

Queues de Mouton panées à l'Anglaise.

On prépare et on fait cuire les queues comme celles dites à la braise; lorsqu'elles sont cuites, on les égoutte et on les assaisonne de sel, gros poivre. On fait tiédir un morceau de beurre, on met les queues dedans, ensuite dans de la mie de pain. On casse quatre œufs dans le beurre, on bat le tout ensemble. En trempant les queues dans les œufs, on fait en sorte qu'elles en prennent partout; on les roule dans la mie

de pain, de manière qu'elles soient complète-
ment panées, et on les arrose avec quelques
gouttes de beurre. On les mettra sur le gril, à
un très petit feu, une demi-heure avant de servir, en les couvrant d'un four de campagne bien
chaud, pour leur donner une belle couleur. Au
moment de servir, on les dresse sur le plat, avec
un jus clair dessous.

Queues de Mouton aux purées.

Vous préparez et faites cuire vos queues
comme celles dites à la braise. Au moment de
servir, vous les égouttez et les dressez sur le
plat ; vous les masquez d'une purée de lentilles, de pois verts, de haricots, ou d'une sauce
tomate.

Queues de Mouton à la Prussienne.

On prend plusieurs queues de mouton, la
moitié d'un chou, une demi-livre de petit lard ;
on fait blanchir le tout un quart-d'heure à l'eau
bouillante ; on les retire ; on les rafraîchit ; ou
presse le chou, on le coupe en quatre, on ficèle
chaque quartier. On coupe aussi le lard en plusieurs morceaux sans les séparer d'avec la
couenne ; on les ficèle. On met les queues dans
une casserole, les choux, le lard et six gros
oignons par dessus, un bouquet de persil et
ciboules, deux clous de girofle, moitié d'une
gousse d'ail, une très petite branche de fenouil,
un peu de sel, gros poivre ; on mouille avec du
bouillon, et on fait cuire à très petit feu. On
coupe des mies de pain en rond, de la grandeur
d'un petit écu : on les passe sur le feu avec du
beurre jusqu'à ce qu'elles soient de belle couleur dorée. On les met égoutter ; on jette une

pincée de farine dans le restant du beurre des croûtons ; on la fait roussir ; on mouille avec du bouillon de la cuisson des choux et un filet de vinaigre. On fait bouillir une demi-heure, pour que la farine ait le temps de cuire, et que cela forme un petit coulis; on le dégraisse et on le passe au tamis. Quand les queues sont cuites et qu'il n'y reste plus de sauce, on les met égoutter ainsi que les choux et le lard; on essuie le tout avec un linge. On dresse les queues entremêlées de choux, les oignons autour, le lard et les croûtons par dessus les choux, et on verse le coulis par dessus.

Queues de Mouton aux choux à la bourgeoise.

Vous mettez blanchir à l'eau bouillante la moitié d'un gros chou ; vous le rafraîchissez, le pressez, en ôtez le trognon et le hachez; vous coupez en petits dés un quarteron ou une demi-livre de petit lard; vous le passez avec vos choux dans un petit roux, et les mouillez avec un peu de bouillon sans sel. Vous laissez cuire une heure à petit feu, jusqu'à ce que le chou et le lard soient bien cuits : le ragoût bien lié, vous mettez égoutter les queues que vous aurez fait cuire dans une petite braise au nombre de cinq ou six. Vous les essuyez avec un linge ; vous les dressez dans le plat à peu de distance les unes des autres; vous couvrez chaque queue avec du ragoût, et vous servez chaudement.

Rognons de Mouton.

Ils se font cuire sur le gril. Il faut les ouvrir par le milieu et leur passer en travers une petite brochette. On les assaisonne de sel et poivre, et, quand ils sont cuits, on met dessous une sauce à l'échalotte.

Rognons de Mouton au vin de Champagne.

Ils s'accommodent comme ceux de cochons. (Voyez *Rognons de cochons.*)

AGNEAU.

Les agneaux de deux mois et demi, bien nourris, sont les meilleurs. Le printemps est la saison où l'on en emploie le plus.

Issue d'Agneau à la bourgeoise.

On comprend sous le nom d'issue, la tête, le foie, le cœur, le mou et les pieds.

Vous ôtez les mâchoires et le museau ; vous les faites dégorger dans de l'eau avec le reste de l'issue coupée par morceaux ; faites-les blanchir un moment, et cuisez-les dans un blanc : un instant avant de servir, vous égouttez le tout et le mettez (à l'exception de la tête) dans une allemande réduite, liée avec deux jaunes d'œufs, un morceau de beurre et le jus de la moitié d'un citron. Vous mettez ce ragoût sur un plat, et la tête bien blanche par dessus.

Tête d'Agneau au blanc.

Après avoir approprié votre tête, vous la faites dégorger et blanchir; vous la rafraîchissez, et, après l'avoir flambée, vous la mettez cuire dans un blanc. Après deux heures de cuisson, vous l'égouttez et la mettez sur votre plat, avec une sauce piquante dessous.

Vol-au-vent de pieds d'Agneau.

Vous les faites comme les pieds de mouton, et

au moment de servir , vous les mettez dans un
vol-au-vent.

Filets d'Agneau en blanquette.

Faites cuire cinq filets d'agneau à la broche,
et laissez-les refroidir ; vous les couperez en
blanquette et les mettez entre deux bardes de
lard dans une casserole, laquelle vous mettez
dans une étuve avant de servir, afin que l'agneau
chauffe doucement et ne se racornisse point. Au
moment de servir, vous ôtez le lard et le mettez
dans une allemande liée avec deux jaunes d'œufs,
un petit morceau de beurre et du jus de citron. Vous aurez soin de mettre parmi quelques
champignons qui auront déja été passés dans
le beurre.

Du Quartier d'Agneau.

Le quartier d'agneau de devant est plus délicat que celui de derrière; il se sert ordinairement rôti. On en fait aussi des entrées à l'anglaise, en mettant les côtelettes sur le gril ,
comme celles de mouton. Le reste du quartier
se fait cuire à la broche ; quand il est froid,
on en fait une blanquette , et on met les côtelettes autour.

Le quartier d'agneau de derrière se met ordinairement à la broche. Il se met aussi farci
en dedans, cuit à la braise , et servi avec un
ragoût d'épinards. Cuit à la braise et refroidi,
on tire des filets qu'on met en blanquette ou à
la béchamelle.

Rôt-de-bif d'Agneau.

On coupe son agneau jusqu'à la seconde
côtelette du flanc , ce qui fait la moitié de
l'agneau. Après l'avoir assujéti avec des bro-

chettes, on le met à la broche, et on le fait cuire d'une belle couleur. On prend deux quartiers du devant de l'agneau, on en lève les épaules ; on coupe la poitrine de manière que les côtelettes ne soient pas endommagées. On fait cuire les poitrines dans une bonne braise : quand elles seront cuites, on les mettra entre deux couvercles, et on les laissera refroidir. On les coupera en petits morceaux, que l'on parera bien proprement, et que l'on trempera dans une sauce d'un bon goût : on les panera avec de la mie de pain. On coupe les côtelettes, on les pare, on les assaisonne de sel et de poivre, et on les met dans un plat à sauter avec du beurre fondu. On prend les épaules cuites à la broche et refroidies, on en fait une bonne blanquette. Au moment de servir, on fait griller ou frire les tendons. On saute les côtelettes, que l'on glace, et on dresse le tout entremêlé et en miroton : on met la blanquette au milieu.

DU COCHON.

Il faut éviter d'employer du cochon ladre, c'est un manger mal-sain ; la chair est parsemée de glandes blanches ou roses ; la digestion s'en fait mal : c'est pour cela qu'on emploie peu de cochon dans la cuisine, et qu'à table on lui fait peu de fête quand on en sert.

Boudin.

Prenez de l'oignon, que vous hachez, et faites-le cuire avec un peu d'eau et de la panne ; quand il est bien cuit et qu'il ne reste que de la graisse, vous prenez de la panne que vous cou-

pez en dés ; mettez-la dans la casserole où est
votre oignon, avec du sang et le quart de crème;
assaisonnez de sel fin , d'épices mêlées ; maniez
bien le tout ensemble, et entonnez-le dans des
boyaux que vous aurez coupés auparavant de
la longueur dont vous voulez faire les boudins ;
ne les emplissez point trop , de crainte qu'ils ne
crèvent en cuisant; ficelez les deux bouts de
chaque boyau ; vous les faites ensuite cuire dans
l'eau bouillante : il faut un quart-d'heure pour
les cuire ; pour voir s'ils sont cuits, vous en ti-
rerez un avec l'écumoire et le piquerez avec
une épingle; si le sang ne sort plus , que ce
soit de la graisse, c'est une preuve qu'ils sont
cuits ; mettez-les ensuite refroidir , pour les
faire griller quand vous voudrez les servir. La
même façon se pratique pour les boudins de sanglier.

Boudins blancs à la bourgeoise.

Mettez sur le feu une chopine de lait que
vous faites bouillir, et mettez -y après une bonne
poignée de mie de pain; passez à la passoire;
faites bouillir le tout ensemble, en le tournant
souvent, principalement sur la fin, jusqu'à ce
que la mie de pain ait bu tout le lait et qu'elle
soit bien épaisse; mettez-la refroidir; coupez
une demi-douzaine d'oignons en petits dés, et
les faites cuire à petit feu, sans qu'ils soient colorés , avec un morceau de beurre; ensuite vous
avez une demi-livre de panne hachée que vous
mêlez avec les oignons; après qu'ils sont ôtés
du feu, mettez-y aussi la mie de pain avec six
jaunes d'œufs, un peu plus d'un demi-setier de
crême; délayez le tout ensemble, assaisonnez

de sel fin, fines épices ; prenez des boyaux de cochon bien lavés, coupez-les de la longueur dont vous voulez faire vos boudins ; ne les emplissez qu'aux trois quarts, liez le bout ; quand ils seront tous finis, faites bouillir de l'eau ; quand elle bouillera fort, mettez-y doucement les boudins et les faites bouillir jusqu'à ce qu'ils soient cuits, il ne faut pour cela qu'un quart-d'heure, et vous le reconaîtrez si, en les piquant avec une épingle, il n'en sort que de la graisse : retirez-les doucement avec une écumoire ; mettez-les dans l'eau fraîche ; faites-les égoutter, puis griller dans une caisse de papier : ensuite vous les ôtez de la caisse pour les servir chaudement.

Andouilles.

Après avoir lavé et nettoyé les boyaux les plus charnus du cochon, et qu'ils sont bien propres, on les fait dégorger pendant douze heures, ensuite on les égoutte, on les essuye bien, et on les met dans une terrine ; puis on les assaisonne de sel, de poivre, d'aromates pilés et des quatre épices ; on les laisse dans cet assaisonnement pendant deux heures ; cela fait, on les met dans les boyaux, qu'on lie par le bout, et on les place au fond du saloir.

Lorsqu'on veut les manger, on les fait cuire dans du bouillon, avec des racines, un bouquet de persil et ciboule, du thym et du laurier ; on les laisse refroidir dans leur cuisson, ensuite on les met sur le gril.

Saucisses.

Il faut choisir dans la chair du cochon celle qui est la moins nerveuse. Vous hacherez une livre de lard avec une livre de chair; vous y ajouterez du persil et de la ciboule hachés, un peu d'épices, du sel, du poivre; vous mêlerez bien le tout ensemble; ensuite vous mettrez votre chair dans les boyaux. Ceux qui veulent donner à leurs saucisses plus de goût, y verseront un verre de vin ordinaire ou de Champagne, ou du Rhin, ou de Madère, ou de Malvoisie, ou de Frontignan, ou de Constance.

Hure de Cochon.

Votre tête désossée en entier, vous prenez des débris de chair de porc frais que vous mettrez avec elle; vous l'assaisonnerez de sel, de poivre en grains, d'aromates pilés, des quatre épices, persil, petits oignons et ciboules hachés; vous la mettrez dans un vase avec cet assaisonnement, et vous l'y laisserez pendant neuf ou dix jours; quand vous jugez qu'elle a bien pris son assaisonnement, vous la retirez du vase et l'égouttez; vous rassemblez tous vos morceaux, vous les arrangez de façon que votre tête se trouve remplie et reprenne sa première forme; vous aurez soin de coudre ensuite avec de la ficelle l'ouverture par où elle a été désossée, et vous la ficèlerez de telle manière qu'elle ne se déforme pas en cuisant; enveloppez-la dans un linge blanc, ficelé par les deux bouts; ensuite vous la mettrez dans une braisière avec les os de votre tête, des couennes, neuf ou dix carottes, autant d'oignons, et sept ou huit feuilles de laurier, autant de branches de thym, du basilic, un gros bouquet de persil et ciboule, sept clous de girofle, une forte poignée de sel et quelques débris de cochon ou d'autre viande;

mouillez votre hure avec de l'eau jusqu'à ce
qu'elle baigne, et vous la ferez mijoter neuf à
dix heures à petit feu; quand elle sera cuite,
vous l'ôterez de dessus le feu et la laisserez deux
heures dans son assaisonnement ; puis vous la
retirez avec un autre linge blanc, et vous la pres-
surez de vos deux mains pour en faire sortir le
liquide qui y serait resté, mais de manière à lui
conserver toujours sa forme; laissez-la refroidir
dans son linge ; quand elle sera bien refroidie,
vous l'approprierez et vous la mettrez dans une
serviette ployée sur un plat, après en avoir ôté
les ficelles.

Fromage de Cochon.

On prend une tête de cochon bien nétoyée ;
on la désosse à forfait; on lève toute la chair
et le lard sans couper la couenne ; on coupe la
chair en filets très minces : on en fait autant du
lard; on met le maigre à part sur un plat , bien
étendu, et le gras dans un autre; on coupe les
oreilles aussi en filets; on assaisonne le tout des
deux côtés avec du sel fin, du gros poivre,
thym, laurier, basilic, six clous de girofle,
deux pincées de coriandre, la moitié d'une muscade; le tout haché très fin; deux gousses d'ail
et quatre échalottes aussi hachées, une demi-
poignée de persil en feuilles entières ; on met la
peau de la hure dans une casserole ronde ; on
arrange tous les filets de viande en mettant un
lit de vinaigre et quelques tranches de jambon,
des feuilles de persil arrangées proprement; on
continue de cette façon jusqu'à la fin ; on coud
la couenne et on la plisse en bourse ; on l'enveloppe d'un torchon blanc, que l'on serrera

fort avec de la ficelle; on met ce fromage dans
une marmite juste à sa grandeur, pour la faire
cuire pendant cinq ou six heures dans du bouillon, une pinte de vin blanc, de l'oignon, racine, thym, laurier, basilic, une gousse d'ail,
sel, poivre; lorsqu'il est cuit, on l'égoutte et
on le met dans un vaisseau juste à sa grandeur
et bien rond; on le couvre avec un couvercle et
un poid très lourd dessus, pour lui faire prendre la forme que l'on veut, jusqu'à ce qu'il
soit froid : on le servira pour gros entremets.

Du Jambon.

La cuisse et l'épaule se mettent en jambons :
il faut les saler et fumer. Pour cet effet, vous
faites une saumure avec du sel et du salpêtre,
et toutes sortes d'herbes odoriférantes, comme
thym, laurier, basilic, baume, majolaine, sariette, genièvre, que vous mouillez avec moitié
eau et moitié lie de vin; laissez infuser toutes
ces herbes dans la saumure pendant vingt-quatre heures; ensuite vous la passez au clair et
mettez tremper les jambons dedans pendant
quinze jours; alors vous les retirerez de la saumure pour les faire égoutter; après les avoir
bien essuyés, vous les mettez fumer à la cheminée. Quand ils seront secs, pour les conserver, vous les frotterez avec de la lie de vin et
du vinaigre, et mettrez par-dessus de la cendre.
Losque vous les voulez faire cuire, vous en
ôtez le mauvais sans rien ôter à la couenne, les
faites dessaler dans de l'eau deux ou trois jours,
suivant qu'ils sont nouveaux et que vous les
jugez assez dessalés, les désossez, les envelop-

pez d'un torchon blanc, et les mettez dans une
marmite pas plus large que le jambon ; vous y
mettez deux pintes d'eau et autant de vin blanc,
racines, oignons, un gros bouquet garni de
toutes sortes de fines herbes, et faites cuire
votre jambon pendant cinq ou six heures à très
petit feu. Quand il est cuit, vous le laissez refroidir dans sa cuisson vous le retirez ensuite
et enlevez doucement la couenne sans ôter la
graisse;vous mettez par-dessus la graisse du persil
haché avec un peu de poivre, et après, de la
chapelure de pain ; vous passez par-dessus la
pelle rouge, pour que la chapelure s'imbibe un
peu dans la graisse et prenne une belle couleur :
ou bien, si vous voulez qu'il ait meilleure façon, lorsqu'il est refroidi, vous ôtez la couenne
et le parez bien uniment ; vous le glacez ensuite
d'une belle couleur. Servez froid sur une serviette, pour gros entremets.

Du Petit Salé de Cochon,

Toutes sortes d'endroits de cochon sont bons
pour faire du petit-salé, le filet est estimé le
meilleur. Vous coupez les morceaux de la grosseur que vous voulez, et prenez du sel pilé :
sur quinze livres mettez une livre de sel : frot-
tez votre viande partout ; mettez-la à mesure
dans un vaisseau ; quand il est plein, bouchez-
le bien, de crainte qu'il ne prenne le vent. Vous
pouvez vous en servir au bout de cinq ou six
jours. Si vous voulez le garder long-temps ;
vous y mettrez un peu plus de sel. Observez
que plus le salé est nouveau, meilleur il est.
Vous vous en servez ensuite soit pour manger
avec de la purée de pois, ou un ragoût de

choux, ragoût de légumes, de lentilles, purée de navets. De telle façon que vous le serviez, ne mettez point de sel dans le ragoût que vous destinez à manger avec ; et si votre salé avait pris trop de sel, faites-le tremper dans de l'eau froide avant de le faire cuire.

Côtelettes de Cochon.

Vous coupez vos côtelettes de cochon comme des côtelettes de veau, ayant soin de laisser dessus un peu de gras ; vous les aplatirez pour leur donner une belle forme, et vous les servirez, après une parfaite cuisson sur le gril, avec une sauce Robert ou une sauce aux cornichons.

Côtelettes de Porc frais en ragoût à la bourgeoise.

Coupez un carré de porc frais en côtelettes; mettez-les cuire avec un peu de bouillon, un bouquet garni, peu de sel, poivre, un ris de veau blanchi, coupé en dès ; mettez-les dans une casserole, avec champignons, quelques foies de volaille, un peu de beurre ; passez-les sur le feu ; ajoutez-y une bonne pincée de farine ; mouillez moitié bouillon, un verre de vin blanc et du jus pour colorer le ragoût, sel gros poivre, un bouquet de persil, ciboule, une demi-gousse d'ail, deux clous de girofle; laissez cuire et réduire à courte sauce ; versez sur les côtelettes.

Echine de cochon.

On aura soin, en coupant le morceau en carré, de laisser l'épaisseur d'un doigt de graisse. Le carré, doit être bien couvert. On cisèle le gras qui le couvre ; on le met à la broche : deux heures suffisent pour le cuire. On le sert, pour rôt ou pour entrée, avec une sauce piquante, ou telle autre sauce qui est le plus au goût.

Filets Mignons.

Vous levez les filets mignons dans toute leur longueur, et vous les piquez de lard fin; vous leur donnez une forme ronde, et vous les piquez par dessus. Mettez des bardes de lard dans une casserole, quelques tranches de veau, quelques carottes, oignons, deux clous de girofle, un bouquet de persil et ciboules, deux feuilles de laurier, et vos filets dessus l'assaisonnement; couvrez les ensuite d'un double rond de papier beurré; vous ajoutez plein une petite cuillère à pot de bouillon, vous les posez sur le feu une heure avant de servir; vous mettez du feu sur le couvercle pour les glacer : au moment de les manger, égouttez-les.

Oreilles de Cochon.

On fait cuire les oreilles de cochon dans un assaisonnement pareil à celui de la hure; quand elles sont froides, on les coupe en petits filets que l'on dépose dans une casserole : on coupe ensuite en demi-cercle douze gros oignons dont on a ôté la tête et la queue; on les passe dans le beurre; quand ils sont bien blonds, si on n'a pas de sauce, on emploie une cuillerée à bouche de farine que l'on remue avec ses oignons; on y ajoute un demi-verre de vinaigre, un verre de bouillon, du sel, du gros poivre; on laisse jeter quelques bouillons à ses oignons; on les met sur ces émincés d'oreilles de cochon, on saute le tout ensemble, et on le tient chaud sans le faire bouillir, jusqu'au moment ou on dresse son ragoût.

Pieds de cochon à la Sainte-Menehould.

Après avoir entortillé vos pieds de cochon avec du ruban de fil large, afin qu'ils ne puissent pas se défaire en cuisant, vous les mettez dans une casserole avec du thym, du laurier, des carottes, des oignons, des clous de girofle; du persil, des ciboules, un peu de saumure, une demi-bouteille de vin blanc, plus ou moins: comme ils doivent rester long-temps au feu, vous emploierez beaucoup de mouillement; vous les faites migeoter pendant vingt-quatre heures sans discontinuer; après, vous les laissez refroidir dans leur cuisson; vous les développez avec soin, et vous les laissez jusqu'au lendemain. Prêt à les servir, trempez les dans du beurre tiède, assaisonnez-les de gros poivre, et roulez-les dans la mie de pain, mettez-les ensuite sur le gril, à un feu très doux, et servez-les sans sauce.

Rognons de cochon au vin de champagne.

Prenez des rognons de cochon que vous émincerez; vous mettrez dans une casserole sur un feu ardent, un morceau de beurre avec vos rognons émincés, du sel du poivre, de la muscade râpée, du persil, des petits oignons et de l'échalotte, le tout haché bien menu; vous sauterez votre émincée sans relâche, afin qu'elle ne s'attache pas : lorsque vos rognons seront roidis, vous ajouterez un peu de farine que vous remuerez avec votre émincée; ensuite vous y verserez du vin de Champagne; vous retournerez alors votre ragoût, sans le laisser bouillir.

Saindoux

Après avoir épluché la panne, c'est-à-dire, ôté les peaux qui s'y trouvent, on la coupe par petits morceaux, puis on la met dans un chaudron avec un demi-setier d'eau, un oignon piqué de clous de girofle ; on la fair fondre à très petit feu, jusqu'à ce que les grignons, qui ne se fondent point, commencent à se colorer : alors le saindoux est fait; on le retire du feu, on le laisse refroidir à moitié, et on le passe ensuite dans un vaisseau de terre pour le mettre au froid.

Cochon de lait rôti.

Plongez votre cochon de lait dans un chaudron d'eau chaude où vous pourrez endurer le doigt; frottez-le avec la main ; si la soie s'en va, vous le retirez de l'eau ; vous le retrempez un instant ; et toujours vous en levez les soies ; quand il n'en reste plus, vous le faites dégorger pendant vingt-quatre heures ; vous le pendez ensuite et faites sécher.

Ainsi préparé, farcissez-lui le ventre d'un gros morceau de beurre manié de fines herbes hachées très menues ; embrochez-le ensuite; arrosez-le sans cesse d'huiles vierges, pour lui faire prendre une belle couleur, et servez.

Cochon de lait farci.

Après l'avoir échaudé à l'eau bouillante, et avoir fait les préparations nécessaires, comme ci-dessus, farcissez-le avec son foie haché avec lard blanchi, truffes, champignons, rocamboles, câpres fines, anchois de Nice, fines herbes, assaisonnées de poivre de la Jamaïque et de sel marin, le tout passé à la casserole : son ventre ainsi rempli, on le ficelle, on le met à la broche, et on a soin de l'arroser d'huile vierge, pour lui faire prendre une belle couleur ; on l'accompagne presque toujours d'une sauce à l'orange, avec sel et poivre blanc.

DE LA VOLAILLE.

La volaille demande à être plumée aussitôt qu'elle est tuée : ensuite on la flambe sur un fourneau bien allumé, c'est-à-dire, qu'on la passe légèrement sur la flamme pour brûler les poils qui restent : à défaut de fourneau allumé, on peut se servir d'une feuille de papier qu'on brûle dessous les poils; cela fait, on la vide : pour cet effet on coupe la peau de la volaille sur le derrière du cou : on détache légèrement la poche d'avec la peau pour l'ôter sans déchirer la volaille, puis on passe son doigt dans le trou du briquet; on le tourne en le courbant, pour détacher ce qui est dans le corps : cela donne la facilité de faire sortir les boyaux, foie et gésier : on agrandit ensuite le trou proche le croupion, et on vide doucement la volaille pour ne pas la déchirer : on aura soin d'ôter l'amer du foie et le dedans du gésier. Toute volaille et gibier se flambent et se vide de la même façon; cependant, si c'est pour rôtir et servir sur le plat de rôt, il ne faut point les flamber : on les vide, comme il vient d'être dit; on les fait revenir sur de la braise; on les essuye bien avec un torchon ; on les épluche, puis on les barde ou les pique comme on le juge à propos.

On distingue deux sortes de canards, celui de basse-cour et le sauvage ; le canard domestique s'emploie volontiers pour entrée, et le sauvage pour rôti, Rouen est l'endroit où l'on fait les meilleurs élèves : il n'y a rien au-dessus des canetons de ce pays.

Canard farci.

Lorsqu'il est flambé, on le vide par la poche, et on le désosse entièrement sans lui percer la peau. A cet effet on commence à la poche, et on le renverse à mesure qu'on ôte les os : on le remplit ensuite à moitié avec une farce de volaille ou de godiveau (*voyez tourte au godiveau*), puis on le ficelle pour que rien ne sorte, et on le fait cuire à la braise comme la langue de bœuf (*voyez langue de bœuf*) : quand il est cuit, on l'essuye de sa graisse, et on le sert avec une bonne sauce ou un ragoût de marrons. Pour le servir de cette dernière façon, on fait cuire des marrons avec un demi-setier de vin blanc, un peu de coulis ; une pincée de sel, et on entoure le canard.

Canard aux navets.

Quand le canard est vidé, flambé, troussé les pattes en dedans, on fait un roux ; dès qu'il est blond, on met dedans son canard ; on le fait revenir : quand les chairs sont fermes partout, on verse plein deux cuillères à pot de bouillon ou d'eau, si on n'a pas de bouillon ; dans ce dernier cas on ajoute du sel, du poivre, une feuille de laurier ; on tourne son canard avec son mouillement jusqu'à ce qu'il bouille ;

on y met alors un bouquet de persil et ciboule, et on le fait aller à grand feu : le canard
aux trois-quarts cuits, on y mettra des navets, tous
de la même grosseur, que l'on aura tournés,
fait sauter dans du beurre jusqu'à ce qu'ils
soient bien blonds, et laissé égoutter ; puis on
fera aller le tout à petit feu : on dégraissera le
canard, on y mettera un petit morceau de sucre ; au moment de servir on versera le ragoût
de navets sur le canard. On s'assure s'il est de
bon sel.

Canard à la bruxelles.

Après avoir désossé votre canard, mettez-lui
dans le corps un salpicon comme suit :

Coupez en gros dés un gros ris de veau, quelques crétes de coq, le tout cuit, des truffes et
des champignons ; liez ce salpicon avec de l'espagnole réduite, et mettez-le dans votre canard, lequel vous couvrez, afin qu'il n'en sorte
pas ; vous le faites cuire pendant deux heures
dans une mirepoix, et, lorsqu'il est cuit, vous
l'égouttez et le débridez ; vous mettez pour sauce
une espagnole clarifiée et de bon goût.

Canard en daube.

Il se fait de même que l'*Oie à la daube*.

Canard en chausson.

On le désosse et le farcit comme le *canard
farci* ; ensuite on le fait cuire avec un verre de
vin blanc et autant de bouillon, un bouquet
garni, sel, gros poivre ; lorsqu'il est cuit, on
passe la cuisson au tamis, on la dégraisse, on y
met un peu de coulis pour lier la sauce que l'on
fait réduire à ce point, et on la verse sur le
canard.

Canard à l'italienne.

Le canard cuit dans un demi-setier de vin blanc, autant de bouillon, sel et poivre, on passe sur le feu, dans une casserole, deux cuillerées à bouche d'huile d'olive, persil, ciboule, champignons, une gousse d'ail, le tout haché; on y ajoute une pincée de farine; on mouille avec la cuisson du canard, qui doit être dégraissée et passée au tamis; on fait réduire au point d'une sauce, on dégraisse encore et on sert sur le canard.

Canard aux olives.

On flambe, on trousse les pattes en-dedans des cuisses; on les bride avec de la ficelle; on l'assujettit avec l'aiguille à brider; on lui frotte l'estomac avec un jus de citron; on met des bandes de lard dans sa casserole, son canard dessus; on le couvre de bardes, et on met une poêle pour le cuire. Une heure et demie avant de servir, on le met sur le feu; on le fait mijoter jusqu'au moment de servir; on l'égoutte, on le débride, et on le dresse ensuite sur le plat : on tourne des olives, c'est-à-dire on enlève la chair de dessus son noyau en tire-bouchon; on la conserve entière pour qu'elle reprenne sa première forme; on leur fait jeter un bouillon dans l'eau; on clarifie cinq ou six cuillerées d'espagnole; on y met les olives blanchies, et on les verse sur le canal.

Canard à la purée de lentilles.

Vous préparez votre canard comme celui dit à la poêle; vous mettez des bardes de lard dans le fond d'une casserole, votre canard dessus, quelques tranches de rouelle de veau, deux carottes, trois oignons, deux clous de girofle, une feuille de laurier, un peu de thym, un bouquet de persil et ciboules ; vous couvrez votre canard de bardes ; vous y versez plein une cuillère à pot de bouillon : si votre canard est tendre, trois quarts-d'heure suffisent pour le cuire. Au moment de servir, vous l'égouttez, le débridez et le dressez sur votre plat : vous le masquez d'une purée de lentilles.

Caneton de Rouen aux petits pois.

On fait cuire un caneton comme celui dit aux olives : on a un litre de pois fins, que l'on manie avec un petit morceau de beurre ; on les passe vivement sur un fourneau, et on les mouille avec quelques cuillerées de bouillon et d'espagnole ; on ajoute de petits morceaux de petits lards, dégorgés et blanchis, gros comme une noisette de sucre et un bouquet garni ; on écume et on dégraisse les pois, et lorsqu'ils sont cuits et à courte sauce, on les verse sur le caneton.

DES POULES D'EAU.

Il y en a de plusieurs espèces et de différentes grosseurs : les unes ont les pieds verdâtres, d'autres, couleur de rose ou rouges : elles se préparent toutes de la même façon que les canards.

Le dindon est un oiseau d'origine indienne. Il a été apporté par les missionnaires en Europe, où il s'est naturalisé et multiplié à l'infini. Il faut préférer pour la table celui qui est jeune, tendre et gras, dont la peau est blanche et les pattes noires. On préfère pour la délicatesse la femelle au mâle.

Dindon en ballon.

On le désosse à forfait sans percer la peau; on lève toute la chair qu'on coupe par filets, et on le finit comme le *fromage de cochon*. Si on veut le servir pour entrée, on le retire pendant qu'il est chaud, et on le met sur table avec une sauce.

Dindon à la bourgeoise.

On flambe et on épluche un dindon; on l'aplatit un peu sur l'estomac; on en trousse les pattes; on le fait revivre dans une casserole avec du beurre ou du lard fondu, persil, ciboule, champignons, une pointe d'ail, le tout haché très fin; on le met dans une autre casserole avec l'assaisonnement, sel, gros poivre; on couvre l'estomac de bardes de lard; on mouille avec un verre de vin blanc, autant de bouillon; on fait cuire à petit feu; ensuite on le dégraisse, et on met un peu de coulis dans la sauce pour la lier.

Les poulets et poulardes peuvent s'accommoder de même.

Dinde à la Daube.

L'usage est de manger les vieux dindons à la daube : à cet effet, après l'avoir plumé et vidé, on lui coupe les pattes, on lui trousse les cuisses en dedans, qu'on assujettit avec de la ficelle; on le flambe, on l'épluche ; on l'assaisonne de gros lard, de sel, de poivre, et de fines herbes; on met des barbes de lard dans une braisière, le dindon par-dessus, deux jarrets de veau, les pattes du dindon, quelques carottes, quelques oignons, deux feuilles de laurier, un bouquet de persil et de ciboules; on couvre le dindon de bardes et d'un morceau de papier beurré; on le mouille de bouillon, on le fait mijoter pendant quatre heures : quand il est cuit, retirez du feu, dégraissez la sauce et la passez au tamis; dressez votre dinde dans le plat, et servez la garniture autour. L'usage le plus agréable d'une dinde en daube est de la servir froide avec gelée.

Dinde en Pain.

Votre dindon flambé et désossé à forfait, vous mettez dans le corps un petit ragoût cru composé de foie gras, de champignons, de petit lard, le tout coupé en dés et manié avec sel, fines épices, persil et ciboule hachés ; cousez le dindon et donnez-lui la forme d'un pain; après lui avoir mis une barde de lard sur l'estomac, enveloppez-le d'un morceau d'étamine : mettez-le cuire dans une marmite de grandeur suffisante, mais pas plus; mouillez-le avec de

bon bouillon, un verre de vin blanc, bouquet
de fines herbes : quand il sera cuit, vous l'ôterez de la marmite et le tiendrez chaudement :
vous passerez sa cuisson dans une casserole,
après l'avoir dégraissée ; vous la ferez réduire
en petite sauce et y ajouterez deux cuillerées
de coulis ; vous développerez le dindon de l'é-
tamine, le déficèlerez, ôterez les bardes de lard
l'essuierez de sa graisse en le pressant un peu
avec du linge blanc, et servirez la sauce par-
dessus.

Jeune Dinde à la Broche.

Votre dinde saignée, faites-la mortifier à son
point, selon la température de l'air : il ne s'agit
plus, après cela, que de vider, flamber, trous-
ser et embrocher la bête convenablement bardée et enveloppée d'un papier blanc : gardez-
vous de la piquer ; ce procédé ne convient qu'aux
dindonneaux. Un peu avant son entière cuisson,
vous la deshabillez de son enveloppe, pour lui
faire prendre une belle couleur, et vous la servez sur un plat long.

Dinde aux Truffes.

Ayez une dinde bien grasse et faites en sorte
qu'elle soit fraîche ; épluchez, flambez et videz ;
ayant soin de ne point crever l'amer. Lavez dans
plusieurs eaux vos truffes, brossez et épluchez-
les ; hachez une partie des moins belles, du lard
bien gros, mettez-le tout dans une casserole ;
mettez-y aussi celles qui sont entières, sel, poivre, épices et laurier ; laissez sur un feu doux
pendant une heure ; retirez vos truffes ; sautez-
les et les laissez presque refroidir ; mettez-les

dans le corps de la dinde ; recousez les ouvertures ; laissez-la se parfumer six ou huit jours, selon le temps plus ou moins froid ou chaud ; bordez-la ; mettez-la à la broche enveloppée de papier beurré. Deux heures suffisent pour la cuisson ; quand elle est achevée ôtez le papier, faites prendre couleur cinq à six minutes et servez.

Une dinde préparée comme ci-dessus est un manger succulent en daube ou braise.

Abatis de Dindon en fricassée de Poulet.

Vous l'accommoderez comme la fricassée de poulet.

Ailerons de Dindon a l'Espagnole.

Après avoir échaudé et désossé les ailerons jusqu'à la dernière jointure, on les pare proprement, et on les saute dans un beurre de citron, on les fait cuire entre deux bardes de lard, avec une cuillerée de bon bouillon ; lorsqu'ils sont cuits, on passe la cuisson au tamis et on la clarifie avec un blanc d'œuf : on la fait réduire et on l'incorpore dans une bonne espagnole.

Ailerons aux petits Oignons.

On met les ailerons dans une casserole, avec un peu de bouillon, un bouquet garni, du sel, gros poivre ; lorsqu'ils sont cuits, on dégraisse la cuisson et la passe au tamis ; on la met dans le ragoût d'oignons pour lui donner du corps : servez à courte sauce sur les oignons

L'oie domestique n'a point les qualités du canard ; elle a la chair moins fine et de moins bon goût : on n'en fait guère usage dans les tables bien servies. L'oie sauvage a la chair plns noire, et est plus haute en goût : on ne la sert ordinairement que rôtie.

Oie en Daube à la bourgeoise.

Prenez une vieille oie, videz-la et troussez-lui les pattes dans le corps ; ensuite vous la faites refaire sur le feu et l'épluchez ; lardez-la partout avec des lardons de lard bien assaisonnés et maniés avec du persil, ciboules, deux échalottes, une demi-gousse d'ail, le tout haché, une feuille de laurier, tym et basilic, hachés comme en poudre, sel, poivre, un peu de muscade râpée ; après avoir lardé l'oie, vous la ficelez et vous la mettez dans une casserole proportionnée à sa grandeur, avec deux verres d'eau, autant de vin blanc et un demi-verre d'eau-de-vie, encore un peu de sel et poivre ; lutez bien la marmite, et faites cuire à très petit feu pendant trois ou quatre heures ; la cuisson faite et la sauce très courte, pour qu'elle puisse se mettre en gelée, dressez la daube dans son plat ; quand au fond, vous le dégraissez et le clarifiez lorsqu'il est pris en gelée ; vous le mettez autour de votre oie.

Oie à la Moutarde.

Prenez une oie jeune et tendre que vous éplucherez, viderez et flamberez ; tirez-en le foie, qu'après avoir dégagé de l'amer, vous hacherez et mêlerez avec deux échalottes, persil, ciboules, le tout haché, une feuille de laurier, thym, basilic, haché comme en poudre, un bon morceau de beurre et de lard rapé, sel, gros poivre; farcissez-en l'oie et troussez-la de manière que cette farce ne puisse sortir de son corps.

Faites cuire ensuite votre oie à la broche, en l'arrosant de temps en temps avec un peu de beurre, et à mesure que vous arrosez, tenez un plat dessous pour ne point perdre ce qui en tombe; lorsque l'oie est presque cuite, vous mêlez une cuillerée de moutarde et de coulis réduit dans le beurre qui vous a servi à arroser; remettez-le sur l'oie, et panez à mesure, jusqu'à ce que tout le dessus de l'oie soit entièrement couvert de mie de pain, achevez de la faire cuire et qu'elle soit d'une belle couleur : servez avec une rémoulade que vous mettrez dans une saucière.

Oie farcie à la broche.

Prenez ou des marrons ou des châtaignes, selon votre goût; ôtez-en la première peau; enfin préparez-les comme il est dit au *Potage à la purée de Marrons;* mettez à part ceux que vous destinez pour le ragoût; hachez les autres dans une casserole avec la chair de quatre ou cinq saucisses et le foie d'une oie; maniez le tout avec deux cuillerées de saindoux ou un bon morceau de beurre, des échalottes, une pointe d'ail, persil, ciboule (ou fines herbes également hachées) ; passez le tout ensemble sur le feu pendant un quart-d'heure ; laissez refroidir si vous avez une oie jeune et tendre : après que vous aurez vidé, flambé et épluché votre oie, vous lui mettrez cette farce dans le corps; cousez-la pour que rien ne sorte; faites-la cuire à la broche, et servez-la avec un ragoût de marrons comme celui que vous trouverez à l'article *Ragoût.*

DES PIGEONS.

On en distingue de trois sortes: les gros pigeons cauchois, les pigeons de volière et les bisets. Les pigeons se mangent pendant presque toute l'année, et s'accommodent à la bourgeoise, à la braise, à l'étouffade, à la poêle, au beurre, au gratin, aux capres, aux navets, au roux, à la crapaudine, ou à la broche, bardés et enveloppés de feuilles de vigne; enfin de tant de manières différentes qu'on ne saurait les énumérer ici.

Pigeons à la Broche.

Les pigeons vidés et flambés, on les épluche et on les bride; on leur met sous la barde une feuille de vigne, si c'est en automne: trois quats d'heure suffisent pour les cuire.

Pigeons à la Bourgeoise.

Après avoir échaudé et vidé des pigeons, on leur trousse les pattes en dedans, on les fait dégorger et blanchir un moment, et on les retire à l'eau fraîche; on les met dans une casserole entre deux bardes de lard, avec de bon bouillon et un bouquet garni; lorsqu'ils sont cuits, on dégraisse leur cuisson, et on l'incorpore dans de l'espagnole qu'on fait clarifier et réduire à son point.

Pigeons au basilic.

Prenez de petits pigeons que vous faites dégorger après les avoir vidés, et troussez les pattes en dedans ; faites-les cuire dans une braise où le basilic domine ; quand ils sont cuits, retirez-les de la braise pour les mettre refroidir ; trempez-les ensuite dans du bon coulis réduit, et panez-les avec de la mie de pain ; vous les trempez de nouveau dans de l'œuf battu et assaisonné, et les panez encore de mie de pain : faites-les frire, et servez garni de persil frit.

Compote de pigeons à la financière.

Vous la faites de même que celle à la Royale, à l'exception que vous mettez dessus un ragoût aux truffes ou aux foies gras, au lieu d'un ragoût blanc.

Pigeons à la crapaudine.

Prenez de bons pigeons dont vous trousserez les pattes en dedans ; vous leur levez la moitié de leurs filets, lesquels vous rabattez sur leur poche, et les aplatissez sans beaucoup casser les os ; vous les trempez dans du beurre fondu et les panez avec de la mie de pain ; faites-les cuire à petit feu et d'une belle couleur dorée ; quand ils sont cuits, vous les servez avec une sauce piquante ou un jus clair.

Pigeons en Matelote.

Les pigeons échaudés et les pattes retroussées en dedans, on les passe dans une casserole avec un peu de beurre, une douzaine de petits oignons blancs qu'on a laissé cuire un demi-quart d'heure dans l'eau pour les éplucher ; on ajoute un quarteron de petit lard bien entrelardé, coupé en tranches, un bouquet garni, puis on met une pincée de farine, et on mouille avec moitié bouillon et moitié vin blanc. Quand les

pigeons seront cuits et réduits à peu de sauce,
on y mettra une liaison de trois jaunes d'œufs
avec un peu de lait : au moment de servir on
versera un filet de verjus.

Pigeons aux pois.

Prenez trois ou quatre pigeons; faites-les dégorger et blanchir; troussez les pattes en dedans; mettez-les dans une casserole avec un litron de petits poids maniés dans un demi-quarteron de beurre, un bouquet de persil et ciboule; passez les sur le feu, et mettez-y une
pincée de farine; mouillez avec de bon bouillon
et peu de sucre; faites cuire à petit feu et dégraissez; lorsqu'ils sont cuits, que la sauce est
courte, vous y mettez une liaison de deux jaunes
d'œufs; faites lier sur le feu sans bouillir. Servez
à courte sauce.

Pigeons aux asperges en petits poids.

Coupez de petites asperges en petits pois;
lorsque vous en aurez la valeur d'un litron et
demi, mettez-les dans l'eau fraîche pour les laver plusieurs fois ; vous les ferez blanchir un
demi-quart d'heure à l'eau bouillante; retirez-
les à l'eau fraîche et égouttez-les ; vous les passez sur un fourneau à grand feu, avec un demi-
quarteron de beurre et un peu de sucre; vous
les liez ensuite avec précaution avec deux cuillerées de béchamelle réduite ; vous faites cuire
trois ou quatre pigeons comme ceux dits à la
bourgeoise, et les masquez avec les pointes d'asperges.

Pigeons au court bouillon.

Ayez trois ou quatre gros pigeons flambés,
vidés et troussés; lardez-les de gros lard, et

mettez-les dans une marmite juste à leur grandeur, avec un bouquet de persil et ciboule, une gousse d'ail, deux échalottes, deux clous de girofle, une feuille de laurier, thym, basilic, un panais, une carotte, deux oignons, gros comme moitié d'un œuf de beurre, sel, poivre; mouillez avec un verre de vin blanc et autant de bouillon; faites cuire à petit feu; lorsque les pigeons fléchissent sous le doigt, vous passez la sauce au tamis et la faites réduire; si elle est trop courte, allongez-la avec une demi-cuillerée de verjus, ou un filet de vinaigre, et versez-la sur les pigeons.

Pigeons à la Sainte-Menehould.

Videz et troussez trois gros pigeons, en y laissant les foies; faites-les refaire; épluchez-les; mettez dans une casserole gros comme un œuf de beurre manié avec deux pincées de farine, du persil en branches, ciboule entière, deux oignons en tranches, des zestes de carotte et panais, une gousse d'ail entière, trois clous de girofle, sel, poivre, une feuille de laurier, thym, basilic; mouillez avec trois poissons de lait; faites bouillir, et ajoutez ensuite les pigeons pour les faire cuire à très petit feu pendant une heure; lorsqu'ils sont cuits, retirez-les pour les égoutter. Enlevez la graisse de la Sainte-Menehould pour la mettre sur une assiette; trempez-y les pigeons et panez-les à mesure; faites griller de belle couleur en les arrosant avec le restant de la graisse où vous les avez trempés; servez à sec : vous mettrez une sauce rémoulade dans une saucière.

Pigeons à la poêle.

On prend pour cela de petits pigeons ; on leur laisse les pattes : on les fait légèrement refaire sur le feu ; on les passe dans une casserole avec un peu de bon beurre, persil, ciboule, champignons, une pointe d'ail, le tout haché, sel, gros poivre : puis on les met avec tout leur assaisonnement dans une autre casserole, foncée de tranches de veau que l'on a fait blanchir un instant à l'eau bouillante ; on y met un demi-verre de vin blanc ; on couvre de bardes de lard et d'une feuille de papier blanc ; on pose un couvercle sur la casserole, et on fait cuire à petit feu pour que les pigeons ne fassent que mijoter ; ensuite on dégraisse la cuisson, on y verse un peu de coulis pour la lier, et on la sert sur les pigeons.

Pigeons à la dauphine.

Ce sont des pigeons échaudés que l'on fait cuire entre des bardes de lard, avec un peu de bouillon, une tranche de citron, un bouquet : on les sert ensuite avec des ris de veau glacés comme les fricandeaux.

Pigeons en crépine.

Ayez huit pigeons innocens, appropriez-les et faites-les cuire pendant un quart-d'heure dans de la mirepoix : vous faites une farce à Quenelle avec des filets de votre volaille (voyez *farce à Quenelle*), qui ne soit pas très délicate, c'est-à-dire avec moins de tétine ou de beurre dedans ; vous incorporez dedans une ducelle extrêmement réduite, et lorsque vos pigeons sont froids, vous les couvrez de cette farce, que vous enveloppez de deux ou trois tours de crépine de cochon, que vous soudez avec du blanc d'œuf; vous les panez avec de la mie de pain bien fine, et les repanez encore avec de la mie de pain, après les avoir trempés dans de l'œuf entier, battu et assaisonné : vous arroserez cette dernière panure avec quelques gouttes de beurre, et lui ferez prendre une belle couleur dans un four d'une moyenne chaleur.

Pigeons en beignets.

On emploie encore pour ce mets des pigeons desservis de table. On les coupe par moitié, et on leur fait prendre goût dans un assaisonnement; on les met refroidir; ensuite on les trempe dans une pâte faite de farine, vin blanc, une cuillerée d'huile et du sel ; on les fait frire, et on entoure le plat de persil frit.

DU CHAPON.

Le chapon de sept ou huit mois est le meilleur, il se sert ordinairement rôti. Si par hasard il était un peu dur, on le ferait cuire comme la dinde en daube, (*voyez dinde en daube*). Quand on le sert pour rôt, à l'époque du cresson, on en met autour et on l'assaisonne de sel et de vinaigre.

Chapon poêlé.

Après avoir plumé, flambé légèrement, épluché et vidé votre chapon, vous lui coupez les pattes sur les cuisses et vous les bridez; vous mettez des bardes de lard dans une casserole, votre chapon par-dessus ; vous les couvrez de tranches bien minces de citron, et vous les re-

couvrez de bardes de lard et une poêle par-
dessus. Une heure suffit pour le cuire.

DU COQ ET DE LA POULE.

On s'en s'ert ordinairement pour en faire du
bon bouillon et de la gelée de viande. Ils sont
aussi excellens pour faire du bon consommé et
donner du corps et du moelleux à toutes sortes
de sauces et ragoûts.

DE LA POULARDE.

La poularde se sert souvent pour plat de
rôt. Dans le temps du cresson, on en met tout
au tour assaisonné de sel et de vinaigre.

Les foies gras des poulardes, chapons, dindons et gros poulets, sont employés dans beaucoup de ragoûts. On les met aussi en caisse, ce
qui s'opère avec du papier graissé d'huile, et
on les faite cuire dans un four, dans leur jus, avec
persil, ciboule, champignons, le tout haché,
bardes de lard dessus et dessous, un peu de
beurre et un jus de citron.

Les poulardes à la broche peuvent aussi se
mettre en entrée ; en les servant avec les mêmes sauces et ragoûts que les poulets. (*Voyez
poulets.*) Il en en est de même des chapons.

Si on ne les jugeait pas assez tendres pour
la broche, ou même que l'on veuille les diversifier, on les met en fricandeau (*voyez Fricandeau*), ou à la tartare ou au gros sel.

Poularde ou chapon au gros sel.

Quand elle est flambée, vidée et troussée,
après l'avoir fait blanchir un instant, on met

une barde de lard sur l'estomac pour le tenir blanc ; on la ficelle et on la fait cuire dans la marmite ; lorsqu'elle fléchit sous le doigt en tâtant la cuisse, on la sert avec un peu de bouillon et du gros sel par-dessus,

Poularde à la bourgeoise.

Vous mettez dans le fond d'une casserole un peu de bon beurre, deux oignons coupés en tranches, et votre poularde flambée, vidée, troussée dessus, l'estomac en dessous; on la couvre de deux oignons en tranches, deux racines coupées en filets, ou bouquet garni de toutes sortes de fines herbes, un peu de sel ; vous la faites cuire ainsi sous la cendre chaude ; à la moitié de la cuisson, vous ajoutez un demi-verre de vin blanc ; quand elle est cuite, vous dégraissez la sauce, la passez au tamis, y mettez un peu de coulis et la servez sur la poularde.

Poularde entre deux plats.

Votre poularde flambée vidée et troussée, faites-la refaire dans une casserole, sur le feu, avec un morceau de beurre, sel, poivre, persil, ciboule, champignons, une pointe d'ail, le tout haché. Mettez dans le fond d'une casserole des tranches de veau, la poularde par-dessus avec son assaisonnement; couvrez-la de bardes de lard, et faites-la cuire sur de la cendre chaude. Quand elle sera cuite, vous dégraisserez la sauce, la passerez au tamis, y mettrez une cuillerée de coulis et un filet de verjus ; vous vous assurez si la sauce est de bon goût, et la verserez sur la poularde.

Poularde à la persillade.

Prenez une poularde crue, ou cuite à la broche et qui a déja été servie sur table, qu'elle
soit ou non entamée ; coupez-la par membres,
et faites-la cuire dans une casserole avec du
bouillon, du coulis, sel, un peu de gros poivre;
lorsqu'elle est cuite et la sauce assez réduite,
mettez y une bonne pincée de persil haché
très fin que vous aurez fait cuire un moment
dans l'eau : avant de le hacher, il faut le bien
presser. Au moment de servir, mettez un filet
de verjus.

Poularde en Chipolata.

L'accommodement est le même que pour les
ailerons de dindon (Voyez *Ailerons de dindon
en Chipolata*); on prend ou des ailerons, ou
des cuisses, ou même une poularde entière.

Poularde aux Oignons.

Choisissez une poularde bien tendre; faites-
la cuire à la broche ou à la braise, comme la
poularde entre deux plats; mettez la sauce de
cuisson dans le ragoût d'oignons pour lui donner du corps.

Le ragoût d'oignons se fait ainsi : vous coupez la tête et la queue de petits oignons blancs,
vous les laissez un quart-d'heure dans de l'eau
bouillante, et quand ils sont rafraîchis, vous en
ôtez la première peau, vous les faites cuire ensuite avec du bouillon; lorsqu'ils sont cuits et
égouttés, vous les mettez prendre goût dans un
bon coulis bien assaisonné, en leur faisant faire
quelques bouillons sur un fourneau.

On peut, si on veut, farcir la poularde à la

broche, avec son foie, du persil, de la ciboule et des champignons, le tout haché, assaisonné de sel et poivre, et mêlé avec du lard rapé; on la coud pour que la farce ne sorte point, et on la met cuire enveloppée de lard et de papier.

Poularde à la Cuisinière.

Votre poularde farcie comme la précédente, en se servant toutefois de beurre au lieu de lard râpé et d'une pointe d'ail au lieu d'échalottes, vous la mettez à la broche; lorsqu'elle est cuite, arrosez le dessus avec un peu de beurre où vous avez délayé un jaune d'œuf; panez avec de la mie de pain; faites-lui prendre au feu une belle couleur dorée, et servez-la avec la sauce suivante : on met dans une casserole un demi-verre de bouillon, un peu de vinaigre, gros comme moitié d'un œuf de beurre manié avec une bonne pincée de farine, sel, gros poivre, de la muscade râpée, et on fait lier sur le feu.

Poularde à la Béchamelle.

On prend une poularde cuite à la broche, on la laisse refroidir, et on la coupe par membres ; on en lève les chairs, lesquelles on émince proprement, et on les lie avec une béchamelle réduite et d'un bon goût; on la met sur le plat avec des œufs mollets autour : on peut encore la mettre dans une casserole au riz.

Poularde à la reine.

Votre poularde cuite dans une poêle, vous la laissez refroidir; vous en lèverez les chairs de l'estomac; avec les chairs vous ferez une farce cuite; vous en remplirez votre poularde et vous lui donnerez sa forme première : enveloppez le tour de votre volaille avec des bardes de lard que vous assujettirez avec de petites chevilles de bois; vous la mettrez sur une tourtière au four, ou bien vous placerez votre tourtière sur un feu doux, pendant une heure. Au moment de servir, vous ôterez les bardes qui entourent votre poularde et vous la dresserez sur un plat : vous mettrez pour sauce un velouté clarifié et d'un bon goût.

Poularde au riz et à l'espagnole.

Vous prenez une poularde bien blanche, que vous flambez et désossez, à l'exception du croupion, et la farcissez de riz ainsi préparé.

Vous mettez dans une casserole une demi-livre de riz épluché et bien lavé, avec trois fois son volume de bon bouillon, ou mieux, de consommé; vous faites mijoter votre riz pendant trois-quart d'heure; vous mêlerez quatre cuillerées d'espagnole bien réduite avec votre riz auquel vous ajouterez un petit morceau de beurre.

Votre poularde farcie, vous la ficellerez et la ferez cuire entre deux bardes de lard, avec deux cuillerées à pot de bon consommé ; lorsqu'elle sera cuite, vous vous servirez du fond pour faire du riz pareil à celui que vous avez mis dedans, mais moins crevé et par conséquent moins mouillé. Vous mettez votre poularde sur un plat, après l'avoir débridée, et au tour, de ce riz ainsi préparé.

Poularde accompagnée.

La poularde vidée, on ôte l'os du briquet de l'estomac, et on la remplit avec un ragoût mêlé comme celui à l'article *ragoûts* ; on la fait cuire à la broche, enveloppée de lard et de papier ; on sert avec une sauce à l'espagnole ou à la sultane.

Poularde aux truffes.

On épluche deux livres de truffes du Périgord (ce sont les meilleures), et après les avoir bien lavées et égouttées , on les met dans une casserole avec une bonne livre de lard râpé ou du sain-doux, mais c'est moins bon, du sel, poivre , muscade rapée , échalottes , persil et les parures de vos truffes , le tout haché, un bouquet d'aromates; on les fait chauffer un instant sur le feu, et on les met toutes bouillantes dans la poularde, que l'on aura auparavant flambée et vidée ; on la laisse ainsi autant de temps qu'elle peut se conserver , afin que la poularde prenne bien le goût de truffes, et on la fait cuire à la broche, enveloppée de deux ou trois feuilles de papier huilé; on aura soin de mettre sur la poularde quelques lames de citron pour la tenir blanche. Cependant beaucoup de personnes la préfèrent à la peau de gora; on met pour sauce une espagnole, dans laquelle on met une demi-bouteille de vin de Champagne , réduite, et quelques truffes hachées.

Nota. Si l'on veut que la poularde sente beaucoup la truffe , on n'a qu'à les mettre dans le corps au moment où elle vient d'être tuée : cette manière est préférable à toutes.

Cuisses de poulardes.

Elles se préparent comme celles de poulets , soit en friteau, soit en bigarrure : on peut aussi en faire des croquettes.

Croquettes de volailles.

On a six ou huit cuisses de poulardes ou de

poulets, rôties ou bouillies, n'importe ; étant froides, on enlève les peaux et on coupe la chair en petits dés. On fait réduire de la béchamelle, et lorsqu'elle est bien serrée, on la lie avec trois jaunes d'œufs et un jus de citron ; on mêle la chair avec cette réduction, et on l'étend carrément sur un couvercle d'un demi-pouce d'épais ; on la coupe en petits bâtons bien égaux que l'on pane avec de la mie de pain ; on les trempe dans de l'œuf battu et assaisonné, et on les pane de nouveau. Au moment de servir, on fait frire dans une friture chaude, et on dresse sur le plat avec du persil frit au milieu.

On peut faire des croquettes soit en forme de poire, en queue ou en boule.

DU POULET.

On en compte de quatre espèces : 1° les poulets gras ; 2° les poulets aux œufs ; 3° les poulets à la reine ; 4° les poulets communs. Le poulet à la reine est le plus estimé ; le poulet aux œufs est après ; le poulet gras, qui est le plus fort, est très estimé, quand il est bien blanc en chair et en graisse.

Fricassée de poulets.

Prenez deux poulets gras que vous flambez, épluchez et videz ; coupez-les par membres, et faites-les dégorger dans de l'eau tiède ; vous les faites blanchir légèrement et les égouttez ensuite sur un torchon ; vous les passez au beurre, sur un fourneau un peu vif, et y mettez quelques champignons et une poignée de farine que vous délayez avec deux cuillerées à pot de consommé ou de bon bouillon ; ajoutez-y un bouquet bien assaisonné ; ayez bien soin de l'écumer souvent, et ne le dégraissez qu'à la fin ; lorsque les poulets sont cuits, vous les égouttez sur un torchon blanc, et les mettez ensuite dans une petite casserole ; vous faites réduire la sauce si elle ne l'est pas assez, et la liez avec trois jaunes d'œufs, un bon morceau de beurre et du jus d'un citron ; vous la passez à l'étamine, sur les poulets, que vous tenez chaudement au bain-marie, jusqu'à ce que vous serviez.

Fricassée de poulets à la bourdois.

Cette fricassée se fait de même façon que la précédente, à cette différence que, quand elle est dressée sur son plat, on la panne de mie de pain sur laquelle on met de petits morceaux de beurre gros comme de petits poids, et à laquelle on fait prendre une belle couleur dessous un four de campagne. Cette façon est bonne pour masquer une fricassée desservie de table.

Poulets à la tartare.

Flambez, épluchez et videz deux poulets gras : vous les partagez en deux et leur ôtez les os qui pourraient nuire à leur mine ; vous les assaisonnez de sel, de poivre, les trempez dans du beurre fondu et les panez avec de la mie de pain ; quand ils sont grillés et d'une belle couleur, vous les mettez sur une rémoulade que vous faites ainsi : Mettez deux jaunes d'œufs dans une casserole, avec une cuillerée de moutarde ; vous délayez cela, pour commencer, avec quelques gouttes d'huile fine, et lorsque vous voyez que cela commence à épaissir, vous en faites boire à peu près un bon verre et demi en totalité; vous l'assaisonnez de sel, gros poivre, persil et échalottes hachés, et d'un filet de vinaigre. Beaucoup de personnes se servent de sauce tournée; ce n'est plus pour lors une rémoulade.

Poulets en caisses.

Flambez, videz et troussez deux poulets; laissez les ailes et aplatissez un peu les poulets : faites-les mariner avec persil, ciboule, échalottes, ail, le tout haché et assaisonné d'huile fine, sel et gros poivre : préparez une caisse de papier; mettez-y les poulets avec tout leur assaisonnement et couvrez-les de bardes de lard et de papier; faites-les cuire à petit feu sur le gril ou sous un four de campagne; la cuisson faite, vous ôtez les fines herbes et les bardes, et vous servez dans la caisse, en mettant quelques gouttes de verjus sur les poulets. On peut aussi les ôter de la caisse, et les servir avec telle sauce que l'on voudra.

Poulets à la poéle.

Fendez en deux par le milieu de l'estomac deux poulets moyens; passez les dans une casserole avec un morceau de beurre, une pointe d'ail, deux échalottes, des champignons, persil, ciboule, le tout haché; mettez-y une pincée de farine; mouillez avec un verre de vin blanc, autant de bouillon; assaisonnez de sel, gros poivre; faites cuire et réduire à courte sauce : dégraissez avant de servir.

Poulets à la matelotte.

Faites blanchir un demi-quart d'heure à l'eau bouillante une douzaine de petits oignons blancs dont vous retrancherez la tête et la queue; lorsqu'ils seront refroidis, vous en ôtez le première peau : vous couperez, en forme de bâton, de la longueur de deux doigts, deux moyennes carottes et un panais : vous mettrez dans une casserole un morceau de beurre avec deux pincées de farine; vous ferez un roux couleur de cannelle; vous mouillerez avec un verre de vin blanc, autant de bouillon ; vous y mettrez les carottes, les petits oignons, un bouquet bien garni, sel, gros poivre; vous ferez bouillir à petit feu une demi-heure; ensuite vous couperez en quatre un gros poulet ou deux petits, que vous aurez flambés, épluchés, vidés et fait revenir sur le feu; vous l'ajouterez à votre ragoût avec le foie, le cou, les ailes et les pattes, si vous le jugez à propos ; vous laisserez bouillir le tout à petit feu pendant une heure; la cuison faite et la sauce réduite, vous la dégraisserez, y mettrez un anchois haché, une pincée de câpres, et servirez chaudement.

Poulets aux grains de verjus.

Vos poulets farcis comme les précédens, mais sans estragon ni cerfeuil, et mis à la broche, vous passez dans une casserole avec un peu de beurre, deux oignons, une gousse d'ail, persil, ciboule, une carotte, un panais, deux clous de girofle; lorsque le tout est coloré, vous mettez une bonne pincée de farine, et mouillez avec un verre de bouillon; vous laissez réduire à moitié; vous passez au tamis; vous prenez une bonne poignée de verjus en grains, bien verts, dont vous ôtez les pepins, et les faites blanchir un instant à l'eau bouillante; vous les retirez pour les égoutter, et les mettez dans la sauce avec deux jaunes d'œufs ; vous faites lier sur le feu sans bouillir, en tournant toujours ; aussitôt que la sauce s'épaissit, vous la servez sur les poulets.

Poulets à la gibelotte.

On coupe les poulets par membres et on les met dans une casserole avec des champignons, un bouquet de persil et ciboule, une gousse d'ail, une feuille de laurier, thym, basilic, deux clous de girofle, un peu de beurre; on les passe sur le feu ; on y met deux pincées de farine ; on mouille avec un verre de vin blanc et de jus ce qu'il en faut pour colorer le ragoût, sel, gros poivre ; on l'écume, on le dégraisse, et on le fait cuire de manière que la sauce ne soit pas trop longue.

Poulets aux petits pois.

On coupe les poulets par membres et on les met dans une casserole avec un litron de petits pois, un morceau de beurre, un bouquet de persil et ciboule ; on les passe sur le feu, et on les mouille avec quelques cuillerées de coulis, un peu de consommé et du blond de veau; on y ajoute gros comme une noix de sucre, et on les fait cuire ainsi à petit feu pendant une heure et demie, enfin, jusqu'à ce que vos poulets soient cuits. Au moment de servir, on les dégraisse et on les sert à courte sauce.

Poulet à la broche.

Videz votre poulet, flambez-le, bridez-le et piquez-le de lard fin, ou bien couvrez-le de bardes de lard; vous attachez les pattes sur la broche : tâchez que votre poulet soit cuit à point.

Poulet à la Sainte-Menchould.

Après avoir flambé, vidé et troussé les pattes dans le corps à deux poulets, vous les partagerez en deux et les mettrez dans une casserole avec un morceau de beurre, un verre de vin blanc, sel, gros poivre, un bouquet de persil et ciboule, une gousse d'ail, du thym, du laurier, du basilic, deux clous de girofle ; faites cuire vos poulets à petit feu, et lorsqu'ils seront cuits, vous ôterez le bouquet et lierez la sauce avec deux cuillerées de coulis ; vous la ferez réduire et l'attacherez sur vos poulets que vous panerez de mie de pain ; retrempez-les encore dans des œufs battus et assaisonnés ; panez-les de nouveau ; faites-les griller d'une belle couleur, et servez-les chaudement avec une bonne sauce claire.

Cuisses de poulets en bigarrure.

Vous levez les cuisses de quatre poulets bien bien blancs, sans faire de croupions ; vous les désossez entièrement, et, à la place de l'os de la cuisse, vous y mettez la patte ; vous les assaisonnez en dedans, et les bridez en leur donnant une belle forme ronde ; vous les faites raidir une minute dans du beurre fondu, et les mettez sur un plafond ; vous les couvrez avec un couvercle de casserole, sur lequel vous mettez un poids par-dessus ; lorsqu'elles sont froides, vous en piquez quatre de lard du même côté, c'est-à-dire les quatre cuisses gauches ou les quatre droites, et quatre autres de clous de truffes bien noires ; vous les faites cuire au four, entre deux bardes de lard et du bon consommé, ou de la mirepoix ; vous glacez d'une belle couleur celles qui sont piquées de lard, et les dressez en miroton avec de la chicorée au milieu, ou ce que vous jugez à propos.

Poulets en entrées de broche.

Si vous voulez servir des poulets gras ou à la reine pour entrées, faites-les cuire ainsi à la broche : vous les flambez, videz et leur mettez dans le corps un peu de lard râpé, le foie du poulet et du persil hachés, très peu de sel ; ensuite vous les cousez pour retenir la farce ; vous les faites refaire sur le feu dans une casserole avec un morceau de beurre ou de la graise de la marmite, et vous les mettez cuire à la broche, enveloppés de lard et de papier : ayez soin que le feu ne soit pas trop ardent, de crainte qu'ils ne se colorent, parce que les poulets en entrée de broche doivent se servir blancs. Quand vos poulets sont cuits, vous les dressez sur un plat, et mettez telle sauce ou ragoût que vous jugez bon.

FAISANS ET FAISANDEAUX.

Après avoir plumé, vidé et flambé le faisan, on le pique de lard bien fin, on et le fait cuire à la broche, ayant soin qu'il prenne une belle couleur.

On les sert aussi en entrée de broche, avec une petite farce de leurs foies, qu'on fait en les hachant avec du lard râpé, persil et ciboules hachés, sel, gros poivre et deux jaunes d'œufs : enveloppez-les de bardes de lard et de papier : on les sert avec la sauce qu'on jugera à propos.

Faisan à l'étouffade.

Votre faisan plumé, vidé et flambé, vous faites rentrer les cuisses en dedans ; vous le bridez et piquez de moyens lardons assaisonnés de sel, gros poivre, et des quatre épices ; vous en lardez l'estomac et les cuisses ; vous le couvrez d'une barde de lard et le ficelez : vous foncez une braisière de toutes sortes de légumes et d'un bon bouquet garni ; vous y mettez quelques tranches de veau et votre faisan par-dessus ; vous le couvrez encore de quelques tranches de veau, de manière qu'il soit bien étouffé, et le mouillez avec une demi-bouteille de vin de Madère sec ; quand il est cuit, ce que vous connaissez en appuyant votre doigt dessus, vous le retirez et le mettez sur le plat, après l'avoir approprié : faites réduire et clarifier son fond, et mettez-les dessus pour sauce.

DES CANARDS SAUVAGES.

La femelle est estimée la meilleure. Les canards sauvages se servent ordinairement pour rôt, sans être piqués ni bardés ; après les avoir flambés et vidés ; on en fait aussi des entrées, cuits à la broche et refroidis ; on en tire des filets qu'on met à différentes sauces, comme au jus de citron, aux anchois, câpres et en salmis (*voyez canards domestiques*).

DES ROUGES, SARCELLES ET ALBRANS.

La sarcelle se fait cuire à la broche, flambée et vidée, sans être piquée ni bardée, et se sert pour rôt. Si on veut les mettre en entrée, on les enveloppe de papier, et on les sert avec un ragoût d'olives, aux truffes, montans de cardons, aux navets, sauce à la rocambole.

Les rouges se servent ordinairement pour plat de rôt distingué, et les albrans comme les sarcelles.

DES ALOUETTES OU MAUVIETTES.

Le temps où les mauviettes sont les meilleures, est vers la fin de l'automne et dans l'hiver. Elles sont alors plus délicates et plus grasses.

Alouettes à la broche.

Vous piquez ou bardez vos alouettes, moitié l'un, moitié l'autre. Vous ne les videz point. Mises à la broche, vous placez dessous des rôties de pain pour recevoir ce qui en tombe. Servez alors vos alouettes sur les rôties pour un plat de rôt.

Alouettes en tourte.

On les vide ; on met tout ce que l'on retire de l'intérieur, hormis le gésier que l'on jette, avec du lard rapé dans le fond de la tourte, les alouettes par-dessus, auxquelles on a ôté pattes et tête, après les avoir passées sur le feu dans une casserole, avec un peu de bon beurre, persil, ciboule, champignons, le tout haché, et qu'on les a laissé refroidir. On finira la tourte comme il est expliqué à l'article des *tourtes.*

Alouettes en salmis à la bourgeoise.

Quand-elles sont cuites à la broche (vous vous servez de celles qu'on a desservies de la table), vous leur ôtez les têtes et ce qu'elles ont dans le corps ; vous jetez les gésiers, et pilez tout le reste avec les rôties dans un mortier ; vous délayez ensuite ce que vous avez pilé avec un peu de bouillon ; vous le passez à l'étamine, et assaisonnez ce petit coulis de sel, gros poivre, un peu de rocambole écrasée, un filet de verjus : vous faites chauffer dedans les alouettes sans qu'elles bouillent, et servez garni de croûtons frits.

Alouettes aux fines herbes.

Plumez, troussez et flambez vos alouettes ; mettez un bon morceau de beurre dans une casserole, avec douze ou quinze alouettes, du sel, du gros poivre, un peu d'aromates pilés ; vous les posez sur un feu ardent ; lorsque vous les avez sautées dans votre beurre pendant sept ou huit minutes, vous y mettez plein une cuillère à bouche de persil haché bien fin, autant d'échalottes hachées de même, des champignons aussi hachés ; vous les sautez avec des fines herbes encore sept ou huit minutes ; vous y versez plein deux cuillères à dégraisser d'espagnole, une cuillerée de consommé ; et les remuez dans leur sauce sur le feu : au premier bouillon retirez-les et servez.

DES RAMIERS ET RAMEREAUX.

Les ramiers et ramereaux sont une espèce de pigeons sauvages qui se servent pour d'excellens plats de rôts : vous les piquez et les faites cuire de belle couleur. On en fait aussi des entrées de plusieurs façons, en les accommodant comme les pigeons. (Consultez l'article des *Pigeons*).

Les perdreaux gris se connaissent d'avec la perdrix quand ils ont la première plume de l'aile pointue, le bec noir et les pattes noires; vous êtes sûr alors qu'ils sont jeunes : pour la bonté, il faut distinguer la fraîcheur et le fumet.

Les perdreaux rouges se distinguent aux pattes qui sont entièrement rouges, et au plumage qui a plusieurs couleurs différentes. La perdrix rouge est plus estimée que la grise.

Perdreaux à la broche.

Les perdreaux se servent communément à la broche. On les plume, vide et pique, et on les fait cuire de belle couleur.

Perdreaux en entrée.

Si on veut les servir pour entrée, on fait une petite farce de leur foie avec du lard râpé, un peu de sel, persil et ciboules hachés; on met cette farce dans le corps, que l'on coud ensuite; on trousse les pattes sur l'estomac; on les fait refaire dans une casserole avec un peu de beurre; on les fait cuire à la broche, enveloppés de lard et de papier, et on les sert avec telle sauce qu'on juge à propos, comme à la carpe, à l'espagnole, aux zestes d'oranges, à la sultane, au ragoût aux truffes, de montans de cardons, aux olives, au salpicon.

On met encore les perdreaux sur le gril en papillotes.

Perdrix aux choux.

Vous avez deux ou trois perdrix que vous plumez et videz; vous les flambez légèrement;

piquez-les de moyens lardons assaisonnés de sel, gros poivre; vous leur troussez les pattes et les bridez.

Mettez dans une casserole, avec vos perdrix, des bardes de lard, une livre de petit lard bien blanchi et bien nettoyé, un cervelas, quelques tranches de veau; couvrez vos perdrix de bardes de lard; ajoutez quelques carottes et oignons, deux clous de girofle, deux feuilles de laurier; faites blanchir vos choux, ficelez-les, pressez-les et mettez les par-dessus vos perdrix; vous les couvrirez de bardes de lard, les mouillerez avec plein deux cuillères à pot de bouillon; et recouvrirez le tout d'un rond de papier beurré, faites mijoter pendant deux heures; au moment de servir vous les égouttez, débridez et dressez sur votre plat; vous égouttez aussi vos choux, les pressez pour les sécher, et les dressez à l'entour de vos perdrix; coupez votre lard en morceaux, et placez-les, de distance en distance, sur vos choux, avec votre cervelas : vous mettez dessus une sauce espagnole.

DES BÉCASSES, BÉCASSINES ET BÉCASSEAUX.

Ce gibier se sert cuit à la broche pour rôt, piqué et bardé avec des feuilles de vigne. On ne le vide point. On met dessous des rôties de pain pendant sa cuisson, pour en recevoir ce qui tombe, et on sert dessus les rôties.

Bécasses en entrée.

On les plume, on les flambe, on les fend par-derrière, pour les vider; on hache tout ce que l'on retire de l'intérieur, hormis le gésier que l'on jette, et on le mêle avec du lard râpé ou un morceau de beurre, persil et ciboule hachés, un peu de sel; on met cette farce dans le corps et on coud l'ouverture; on trousse les pattes, et on fait cuire les bécasses à la broche, enveloppées de lard et de papier; lorsqu'elles sont cuites, on les sert avec sauce ou ragoût, comme aux perdreaux.

Les bécassines et bécasseaux s'accommodent de même. On en fait aussi des tourtes, mais au lieu de mettre la farce dans le corps du gibier, on la met au fond de la tourte, le gibier pardessus, et on finit comme il est dit à l'article *tourtes*.

Salmis de bécasses.

Vous avez quatre bécasses rôties à la broche, dont vous levez les membres; quand elles sont froides, vous les parez et les mettez dans une casserole; vous tirez un consommé des débris, avec une demi-bouteille de vin blanc, échalottes émincées, thym, laurier, basilic, quelques parures de champignons, un bouquet de persil et ciboules; lorsque vous voyez que le fumet peut en être extrait, vous passez ce fond au tamis, le clarifiez à l'œuf, et le faites réduire à la glace, pour l'incorporer dans de l'espagnole clarifiée et que vous faites réduire de manière qu'elle se soutienne un peu sur vos bécasses : une demi-heure avant de servir, vous passez cette sauce à l'étamine sur le gibier, et y ajoutez gros comme un œuf de beurre frais et quelques gouttes de jus de citron : on met aussi ordinairement des champignons passés au beurre : vous dressez votre salmis sur le plat, avec des croûtons de pain frits au beurre par-dessus ou entre chaque membre, et avec les champignons par-dessus.

DE LA CAILLE ET DES CAILLETEAUX.

C'est sur la fin de l'automne qu'on peut avoir les cailles les plus grasses et les meilleures.

Ces oiseaux se servent cuits à la broche pour rôt : alors on les plume, on les vide, on les fait refaire sur de la braise, on les enveloppe de feuilles de vigne et on les barde de lard.

Pour entrée, on les fait cuire dans une braise avec des tranches de veau, un bouquet garni, des bardes de lard, un peu de bon beurre, très peu de sel, un demi-verre de vin blanc, une cuillerée de bouillon ; en les faisant aller à très petit feu : quand ils sont cuits, on les retire ; on met dans leur cuisson un peu de coulis ; on dégraisse la sauce que l'on passe au tamis ; on s'assure si elle est de bon goût, et on la sert sur la caille ou cailleteaux. Accommodés de cette manière, on peut les garnir d'écrevisses ou de riz de veau que l'on fait cuire avec les cailles.

Cailles anx choux.

Vous les arrangerez comme la perdrix aux choux. (Voyez *Perdrix aux choux*.)

Cailles au salpicon.

Les cailles cuites à la broche ou à la braise, on les sert avec un salpicon.

DES ORTOLANS.

Les ortolans sont des petits oiseaux très déliats et excellens. Ils se servent pour rôts. On

les larde en les embrochant avec des brochettes
d'argent; on les met à un feu ardent: neuf ou
dix minutes suffisent pour les cuire. On met des
rôties dessous comme aux mauviettes.

DE LA GRIVE.

C'est ordinairement dans l'automne qu'on
fait usage des grives, parce que c'est dans ce
temps qu'elles sont plus grasses et plus délicates; elles se servent pour rôts; en conséquence,
après les avoir plumées et flambées, on leur ôte
le gésier, on les barde, on leur passe ensuite un
hatelet d'outre en outre par le flanc; on les attache ensuite à la grosse broche; avec des rôties
dessous, comme on en use à l'égard des alouettes ou mauviettes.

On en fait aussi des entrées différentes, comme
des bécasses: ce sont absolument les mêmes
procédés à suivre.

DES PLUVIERS.

Les pluviers sont des oiseaux excellens quand
ils sont gras: ils se servent ordinairement pour
rôts; alors on les plume et on les pique sans les
vider: on les fait cuire à la broche; quand ils
sont cuits et d'une belle couleur dorée, on les
sert avec les rôties dessous. On les sert aussi en
entrées de broche, et on peut les employer
comme les bécasses.

Si on veut les servir à la braise, on les fait
cuire comme des cailles, et on les sert de la
même façon.

Le levraut se sert pour rôt. On le dépouille de sa peau, on le vide, on le fait refaire sur la braise et on le pique; quand il est cuit, on le sert avec une sauce au vinaigre, sel et poivre, que l'on présente à part dans une saucière. Si on veut le mettre en entrée, lorsqu'il est cuit et refroidi, on en tire des filets que l'on incorpore avec une poivrade liée, une sauce à l'échalotte, ou autre sauce piquante.

Civet de lièvre à la poivrade.

Vous coupez votre lièvre par membres: gardez le sang, s'il y en a; mettez-le dans une casserole, avec un morceau de beurre, un bouquet bien garni; passez-le sur le feu; mettez-y une poignée de farine; mouillez avec deux bouteilles de vin rouge, et assaisonnez-le de sel et poivre; vous y mettez des petits morceaux de petit lard et des petits oignons passés au beurre; ayez bien soin d'écumer et dégraisser. Quand il est cuit et à courte sauce, vous ôtez le bouquet et le liez avec son sang, comme si vous mettiez une liaison.

Pâté de lièvre froid.

Vous désossez entièrement un lièvre, et le piquez de lardons bien assaisonnés; vous faites une petite gelée de ses os joints à deux bons jarrets de veau et une bonne tranche de bœuf, le tout bien assaisonné. Vous faites revenir votre lièvre dans une livre de beurre, et en faites un pâté froid. (Voyez la manière de le faire.)

Filets de Lièvre en Civet.

On prend un lièvre rôti qu'on a desservi de de la table, on en lève toutes les chairs, et on

les coupe en filets : on concasse un peu les os,
et on les met avec les flancs dans une casserole
avec gros comme moitié d'un œuf de beurre,
quelques oignons en tranches, une gousse d'ail,
une feuille de laurier, deux clous de girofle; on
les passe sur le feu, et on y met une bonne
pincée de farine mouillée avec un verre de
bouillon et deux verre de vie rouge, sel, poivre;
on fait bouillir une demi-heure et réduire à
moitié; on passe la sauce au tamis, on y
met les filets de lièvre avec un peu de vinaigre : faites chauffer sans bouillir.

Filets de Lièvre à la poivrade.

On prépare ses filets comme les précédens
(si on n'en a point assez pour garnir un plat,
on laisse les os, et on coupe les morceaux gros
et d'égale grosseur), on les met dans une casserole avec une sauce à la poivrade de haut
goût : on fait chauffer sans bouillir, et on sert
chaudement.

Levraut au Sang.

En dépouillant et vidant un levraut, prenez
garde d'en perdre le sang que vous mettrez à
part; vous le coupez par membres que vous
lardez, si vous voulez, de gros lard; mettez-
les dans une casserole avec le foie et gros comme
un œuf de beurre, un bouquet garni de persil,
ciboule, échalottes, ail, clous de girofle, laurier, thym, basilic; passez-les sur le feu, et
jetez-y une pincée de farine; mouillez ensuite
avec trois verres de bouillon, un demi-setier de
vin rouge, une cuillerée de vinaigre, sel, gros
poivre; faites bouillir jusqu'à ce que le levraut
soit bien cuit, et qu'il ne reste plus que peu de

sauce; alors vous retirerez le foie, vous l'écraserez bien et le mêlerez avec le sang que vous
avez gardé: au moment de servir, vous mettrez le
sang dans votre ragoût, et vous ferez lier la
sauce, sans bouillir, comme une liaison de jaunes d'œufs; ensuite vous y jetterez un demi-poignée de câpres fines entières, et vous dresserez
sur le plat.

DU LAPIN ET DU LAPEREAU.

Pour connaître un lapin d'avec un lapereau,
il faut le tâter sur le dehors des pattes de devant, au-dessus du joint; si vous trouvez une
grosseur comme une petite lentille, c'est une
marque qu'il est jeune. Pour le fumet, il faut le
flairer au ventre, et l'usage vous apprendra à
connaître les bons.

Les lapereaux se servent ordinairement pour
rôt; mais on les emploie aussi en différentes entrées.

Lapin au coulis de Lentilles.

Coupez-le par membres et faites-le cuire avec
du bon bouillon, du petit lard, un bouquet
garni, sel et peu de poivre. Vous faites aussi
cuire un litron de lentilles à la reine, avec du
bouillon sans sel et quelques oignons roussis au
beurre; quand elles sont cuites, vous les passez
à l'étamine avec leur bouillon: retirez ensuite
le lapin et le petit lard de sa cuisson; dégraissez-
la et incorporez-la dans la purée; vous la faites
bouillir sur un fourneau et mijoter dans la cendre chaude; par ce moyen, elle prendra une
belle couleur: un instant avant de servir, vous
la dégraissez et la faites réduire; ajoutez-y un
morceau de sucre, si elle est trop âcre; dressez

vos lapereaux, que vous aurez eu soin de tenir chaudement dans une casserole, et masquez-les avec la purée et le petit lard à l'entour. Cette entrée se sert ordinairement dans une casserole d'argent ou une terrine de faïence ou de porcelaine.

Lapins en Matelote.

On coupe un lapin par membres; on les passe avec le foie dans un petit roux, puis on mouille avec un verre de vin rouge, deux de bouillon, et on ajoute un bouquet bien garni, sel et poivre; on fait cuire à petit feu; une demi-heure après on y met une douzaine de petits oignons blanchis, et si on veut ajouter une anguille coupée par tronçons, on aura soin de ne la mettre qu'aux trois quarts de la cuisson du lapin. Avant de servir, on ôte le bouquet, on dégraisse la sauce, on y jette une bonne pincée de câpres entières, un anchois haché, et on sert avec des croûtons passés au beurre, la sauce par-dessus.

Lapins aux petits pois.

On les coupe par morceaux et on les fait cuire comme les poulets aux petits pois. (VOYEZ *Poulets aux petits pois.*)

Lapin en Gibelotte.

Votre lapin dépouillé et vidé, vous le coupez en morceaux; vous mettez dans une casserole un quarteron de beurre et plein deux cuillerées à bouche de farine; vous faites un roux, dans lequel vous ferez revenir les morceaux de votre lapin; mouillez avec une bouteille et demie de vin blanc; mettez-y des champignons, du petit lard, que vous ferez revenir dans un autre vase, un bouquet garni; faites aller votre ragoût à grand feu , jusqu'à une certaine réduction; vous ajouterez un peu de sel et gros poivre; ayez soin de dégraisser votre ragoût, et que votre sauce ne soit ni trop ni trop peu liée ; après avoir goûté s'il est d'un bon sel , retirez votre bouquet et servez.

Lapereau à la Minute.

Votre lapin dépouillé et vidé, coupez-le en morceaux, ayant soin d'ôter le mou ; vous essuierez proprement ces morceaux , afin qu'il n'y reste point de sang. Mettez un bon morceau de beurre dans une poële. Quand il sera un peu chaud , vous y mettrez votre lapereau avec un peu d'aromates, du sel, du gros poivre, de la muscade râpée. Placez-le sur un feu ardent ; lorsque vos morceaux seront bien roidis , mettez-y du persil et des échalottes hachés très fin. Vous le laisserez encore trois ou quatre minutes sur le feu : servez-le sortant de la poële.

Lapereau sauté au vin de Champagne.

Préparez et faites cuire votre lapereau comme le précédent; mettez-y le même assaisonnement , et versez-y une petite cuillerée de farine, que vous mêlez avec votre lapereau sans le passer sur le feu; ajoutez un verre de vin de Champagne, placez ensuite votre casserole sur le feu; remuez-la pour que votre ragoût se lie sans bouillir. Quand votre sauce sera liée , servez votre ragoût.

Lapereaux en caisse.

Coupez-les par membres, et faites-les cuire en ragoût; vous le finirez comme les pigeons en surtout. (Voyez *Pigeons.*)

Lapereaux aux fines herbes.

On les coupe par membres, et on les met dans une casserole, avec persil, ciboule, champignons, ail, le tout haché, un morceau de beurre, thym, laurier et basilic en poudre. On passe le tout ensemble sur le feu; on y jette une pincée de farine; on mouille avec un verre de vin blanc, un peu de jus et de bouillon. On assaisonne de sel et poivre : on fait cuire et réduire au point d'une sauce. Quand on est prêt à servir, on prend les foies qui ont cuit dans la fricassée, on les écrase, et on les met dans la sauce.

Lapereaux en gratin.

On les fait cuire comme les précédens, à cette diférence que les fines herbes doivent être en bouquet et non hachées; on les servira sur le gratin fait comme celui des cailles (Voy. *Cailles.*)

Lapereaux en Galentine.

Il faut les désosser à forfait, comme le dindon en galentine : quand les lapereaux sont cuits, si on veut les servir pour entrée, on les retire pour les bien essuyer de leur graisse, et on les sert avec une sauce à l'espagnole. Ordinairement, on le fait pour entremets froids : alors on les laisse refroidir dans leur cuisson, comme pour le dindon en galentine. (Voyez *Dindon.*)

Lapereaux roulés aux pistaches.

Désossez à forfait un ou deux lapereaux ; faites une farce de leurs foies avec quelqu'autre viande cuite; de la mie de pain passée dans du lait, persil, ciboule, champignons, sel, poivre : liez-la avec quatre jaunes d'œufs. Etendez cette farce sur les lapereaux; roulez-les ensuite, et les ficelez: faites les cuire avec un verre de vin blanc, du bouillon, un bouquet garni : la cuisson faite, dégraissez la sauce, et la passez au tamis; mettez-y un peu de coulis pour la lier : faites-la réduire, et en servant sur les lapereaux, mettez-y environ deux douzaines de pistaches échaudées.

Pain de Lapin à la Saint-Ursin.

On mettra de la farce à quenelle plein un moule évidé que l'on beurrera; on la fera mijoter au bain-marie. Quand la farce qui est dans le moule sera cuite, au moment de servir, on la renversera sur le plat. On aura soin qu'il n'y ait point d'eau. On mettra, dans le vide du pain, des cervelles de lapin, des filets mignons et rognons de lapins sautés : on aura une sauce espagnole travaillée avec du fumet de gibier et un demi-verre de vin de Champagne. Quand la sauce sera bien réduite, on la versera sur les garnitures qui sont dans le pain, et on en glacera l'extérieur : on peut aussi mettre dedans une autre garniture, comme des petites noisettes de veau, des crêtes, etc.

Croquettes de Lapereaux.

On dispose la viande comme les croquettes de volaille, et au lieu de les lier avec de la béchamelle, on se servira à la place d'une espagnole réduite, dans laquelle on aura incorporé un fumet des carcasses du gibier.

DE LA VIANDE NOIRE, DITE VENAISON.

A l'exception du chevreuil, les autres viandes noires sont de fort peu d'usage en cuisine.

Le chevreuil ne s'emploie guère que mariné, et à la broche, et on ne le sert ordinairement qu'avec des sauces très relevées. On le sert aussi en bœuf à la mode, en pâté froid, en pâté en pot.

Le cerf, la biche, le daim, le faon s'accommodent de même.

Quartier de chevreuil.

Après avoir paré votre filet et le cuissot de votre chevreuil, vous le piquez de lard fin et le mettez dans une terrine, dans trois ou quatre bouteilles de vinaigre, du sel, du poivre, trois ou quatre feuilles de laurier, six clous de girofle, six ou sept branches de thym, cinq oignons coupés en tranches, une petite poignée de persil et des ciboules entières; vous le laissez mariner pendant quarante-huit heures; lorsque vous voulez vous en servir, vous le sortez de la marinade, et le mettez à la broche, où cinq quarts d'heure suffisent pour le faire cuire. Au moment de servir, vous l'appropriez : servez avec une sauce poivrade.

Filets de chevreuil.

Après avoir levé les deux filets de votre chevreuil, vous les piquez et les faites mariner comme le quartier; lorsque vous voudrez vous en servir, vous les retirerez de votre marinade, ayant soin de les approprier : vous les faites cuire comme les filets de mouton en chevreuil, et y mettez la même sauce. Si on ne veut pas les braiser, on les met tout simplement à la broche, mais toujours piqués.

Le sanglier ou cochon sauvage subit, à peu de chose près, les mêmes préparations que le cochon domestique, et comme dans ce dernier rien n'est à rejeter, il s'ensuit nécessairement que, dans le premier, tout est employé avec autant d'utilité que d'agrément; la seule différence qui existe entre les deux, c'est qu'on marine le sanglier et qu'on sale le cochon.

Hure de sanglier.

Après avoir eu soin de bien griller les soies de votre hure, de la bien laver, nettoyer et ratisser, vous emploierez, pour arranger, cuire et assaisonner votre hure, les mêmes procédés que pour celle de cochon. (Voyez *Hure de cochon.*)

Filets de sanglier, piqués, glacés.

Vous avez deux filets de sanglier, lesquels vous parez proprement; vous les piquez comme un filet de bœuf, et les mettez mariner de même, pendant deux ou plusieurs jours; vous les couchez sur le fer, c'est-à-dire à la broche, et au moment de les retirer, vous les glacez d'une belle couleur, et mettez pour sauce une poivrade: vous pouvez encore les faire cuire au four, dans de la mirepoix ou une bonne réduction.

Cuisses de sanglier.

Brûlez les soies qui sont après votre cuisse; vous la nettoyez le mieux possible; vous la désossez jusqu'à la jointure du manche; vous la piquez de gros lardons assaisonnés d'aromates pilés, des quatre épices, de sel et gros poivre; quand elle sera bien piquée, vous garnirez une terrine ou un baquet avec beaucoup de sel, poivre en grain, du genièvre, du thym, du laurier, du basilic, des oignons coupés en tranches, du persil en branches, de la ciboule entière et du salpêtre; vous laisserez mariner votre cuisse une douzaine de jours; lorsque vous voudrez la faire cuire, vous ôterez de l'intérieur de votre cuisse les aromates qui y seront; vous l'envelopperez dans un linge blanc; vous la mettrez dans une braisière avec six bouteilles de vin blanc, autant d'eau, six carottes, six oignons, quatre clous de girofle, un fort bouquet de persil et ciboules; vous la ferez mijoter pendant six heures; vous la sonderez pour vous assurer si elle est cuite, et vous la retirerez; vous la laisserez dans sa couenne: glacez-la et qu'elle ait une belle forme.

Côtelettes de sanglier sautées.

Coupez et préparez vos côtelettes de sanglier comme celles de mouton; mettez-les dans votre sautoir, assaisonnées de sel, gros poivre; faites tiédir du beurre que vous verserez dessus; posez-les sur un feu modéré, ayant soin de les tourner des deux côtés; lorsqu'elles sont fermes, vous les dressez sur votre plat. Servez-les avec une sauce Robert ou une poivrade.

DES POISSONS EN GÉNÉRAL.

Les poissons que la mer fournit pour la cuisine sont: le turbot, la barbue, le saumon, l'esturgeon, l'alose, le cabillaud ou morue fraîche, la raie, la merluche, la morue salée, la et mande, le carrelet, la sole, la plie, le mulil ou surmulet, l'éperlan, le maquereau, le thon et la thontine, la vive, la macreuse, la sardine, le rouget, le hareng frais, le merlan, l'anchois, le bar, le vaudreuil, la lubine.

En coquillages: l'écrevisse de mer, les homars, les moules et les huîtres.

Les poissons d'eau douce sont: le brochet, l'anguille, la carpe, la truite saumonée et la commune, la perche, la tanche, la lotte, la tortue, la lamproie, l'écrevisse, le meûnier, le barbillon, le goujon, la brême.

DES POISSONS DE MER.

Turbot au court-bouillon.

Après avoir ôté les ouïes, on fait une ouverture au ventre du côté noir, et on en ôte le boyau du même côté; on lui enlève, par le moyen d'une incision qu'on lui fait au dos, un nœud de son arrête : par ce moyen, il est moins sujet à se briser. On lui bride la gueule avec une aiguille et on le frotte avec du citron, afin qu'il soit bien blanc; on le fait cuire dans une eau si légère et tirée à clair : une heure suffit. On prend bien garde qu'il ne bouille; on l'égoutte un quart-d'heure : avant de servir et après l'avoir débridé, on le met sur une planche couverte d'une serviette; on garnit les parties défectueuses avec du persil en branches. Comme beaucoup de personnes le préfèrent à l'huile, on met une sauce blanche dans une saucière : dans cette sauce il doit y avoir un beurre d'anchois.

Turbot aux câpres.

Après avoir fait cuire votre turbot, comme

il a été ci-dessus indiqué, vous le mettez sur votre plat et le masquez avec une sauce au beurre, dans laquelle vous mettez quelques câpres.

Turbot en salade.

Vous le faites cuire comme ci-dessus, et lorsqu'il est froid, vous le coupez en morceaux, de la grosseur et de la forme que vous voulez; vous le dressez sur le plat et le garnissez avec des cœurs de laitues, des œufs durs, des anchois, des cornichons, des câpres, de l'estragon en branche, des petits oignons blancs cuits dans du consommé ou du bouillon, etc. Pour sauce, vous délayez dans une casserole un peu d'huile et de vinaigre, du sel, du poivre et de la ravigotte hachée.

DES BARBUES.

Elles s'accommodent comme le turbot.

DU SAUMON.

Ce poisson se coupe en tranches ou bardes; on le fait mariner avec huile, sel et poivre, après quoi on le fait griller, et on sert dessous des sauces au beurre.

On le sert aussi cuit au court-bouillon, avec les mêmes sauces ou ragoûts.

Si on l'emploie pour un plat de rôt, on ne l'écaillera point; quand il est cuit, on le met à sec sur une serviette et du persil vert autour.

Si c'est pour entrée, il faut l'écailler et laisser le morceau entier comme pour rôt.

Saumon au bleu.

On vide le saumon, sans lui couper le ventre;

on le lave et on l'essuie bien; on le met dans une poissonnière, et on le fait cuire dans une marinade pendant deux heures, selon sa grosseur : il est nécessaire de faire bouillir doucement le court-bouillon, sans cela il ne cuirait pas. Auparavant de le servir, on le laisse égoutter; on met une serviette sur le plat, le saumon dessus et du persil à l'entour.

Saumon grillé aux câpres.

On prend une dalle de saumon, ou la marine avec de l'huile, du sel et du gros poivre ; il faut une heure pour la cuire, si elle est épaisse; on la dresse sur le plat, en y ajoutant une sauce au beurre, avec des câpres qu'on sème dessus

Saumon à la rémoulade.

La dalle de saumon cuite dans un court-bouillon, on l'égoutte, on l'écaille et on la dresse sur un plat, avec une rémoulade dessous on garnit le dessus de la dalle avec des anchois dessalés : on la sert aussi au beurre de Montpellier.

DE L'ESTURGEON.

Quoique ce poisson soit de mer, on le trouve quelquefois dans les fleuves. Sa chair a beaucoup de consistance. Pour le faire cuire, on le vide, on le lave, on le met dans une poissonnière, on le masque d'une poêle aromatisée qu'on mouille avec du vin, et que l'on met sur le poisson.

Il se sert cuit à la broche, après qu'on l'a fait mariner deux ou trois heures dans une marinade ordinaire, ou lardé de gros lardons et avec toutes sortes de sauces, comme à l'italienne, à l'espagnole, ou ragoût de truffes, morilles, mousserons, de ris de veau, de crêtes et de petits œufs.

On peut aussi le faire cuire au court-bouillon, comme le saumon, et le servir avec les mêmes sauces, ou à la braise dans une petite marmite avec tranches de veau et bardes de lard, un demi-setier de vin blanc, un bouquet garni, oignons, racines, sel, poivre, de bon bouillon : cuit à la braise, on le sert avec mêmes sauces et ragoûts qu'à la broche.

Esturgeon à la matelote.

Coupez des mies de pain en rond, de la largeur d'un petit écu ; passez-les sur le feu avec du beurre jusqu'à ce qu'elles soient d'une couleur dorée ; mettez-les égoutter ; prenez un morceau d'esturgeon, que vous coupez en petites tranches un peu minces ; mettez-les dans un plat, arrangées sans être les unes sur les autres, avec un morceau de beurre, sel, gros poivre ; faites-les cuire à petit feu, et à mesure qu'elles sont cuites d'un côté, vous les retournez de l'autre : il ne faut qu'un quart-d'heure pour la cuisson ; ôtez-les du plat ; mettez-y un peu de farine, que vous remuerez avec le beurre, puis de l'échalotte, persil, ciboule, le tout haché, et mouillez avec deux verres de vin rouge ; faites bouillir le tout ensemble un quart-d'heure ; remettez l'esturgeon dans la sauce pour le faire chauffer sans bouillir ; jetez-y un peu de câpres hachées, et garnissez les bords du plat avec vos croûtons de pain frit ; vous aurez soin de les arroser un peu par-dessus avec de la sauce.

L'alose se sert entière ou par moitié : si on l'emploie pour rôt, on la vide, on ne l'écaille point. On la fait cuire dans un court-bouillon, comme le saumon; quand elle est cuite, on la sert sur une serviette garnie de persil vert.

Si on en fait usage pour entrée, on l'écaille et on la sert avec différentes sauces, comme aux câpres, à l'huile, à l'italienne.

Alose grillée.

Votre alose vidée et lavée, ôtez-en les écailles, essuyez-la et laissez-la égoutter entre deux linges ; mettez-la sur un plat, avec du sel, du poivre et un verre d'huile, retournez-la dans son assaisonnement une heure avant de servir ; placez-la ensuite sur le gril à un feu doux : à l'instant du service, dressez-la sur un plat, et masquez-la d'une sauce au beurre semée de câpres par-dessus, ou d'une purée d'oseille.

DU CABILLAUD OU MORUE FRAICHE.

Le cabillaud ou morue fraîche se fait cuire dans une eau de sel comme le turbot.

Vivez votre cabillaud et lavez-le; faites une eau bien salée, parce que ce poisson ne prend pas plus de sel qu'il ne faut; quand elle sera claire, vous ficellerez la tête de votre cabillaud, le mettrez dans la poissonnière et l'eau de sel par-dessus : faites-le cuire à très petit feu et sans bouillir.

Si vous le servez pour relevé, vous y ajoutez une sauce à la crème ou une sauce hollandaise.

Si c'est pour rôt, vous le servirez à sec sur un plat, sur lequel il y aura une serviette et des feuilles de persil à l'entour.

On le sert dans le même goût que le turbot.

DE LA MORUE SALÉE.

La bonne morue a la chair blanche, la peau noire et degrauds feuillets. Il faut la laver après l'avoir écaillée; on la fait cuire un moment dans un chaudron avec de l'eau de rivière, et sans bouillir; on la retire, on l'égoutte, et on la sert avec telle sauce qu'on juge à propos.

Morue à la maître-d'hôtel.

Après avoir fait les préparations nécessaires à votre morue, et l'avoir fait cuire de la manière que nous l'avons indiquée, vous l'égouttez, la déficelez et la mettez sur son plat, garnie autour de pommes de terre entières, cuites dans de l'eau et du sel : masquez-la avec une maître d'hôtel, dans laquelle vous presserez quelques gouttes de citron.

Morue au Beurre Noir.

Votre morue cuite à l'eau et égouttée, vous la mettez dans le plat que vous devez servir avec un demi-verre de vinaigre, autant de bouillon, du gros poivre : vous la faites bouillir un demi-quart d'heure, et mettez dessus du beurre bien chaud, avec du persil frit.

Morue à la Sauce aux Câpres et Anchois.

La morue cuite à l'eau et égouttée, on la dresse chaudement sur un plat avec une sauce aux câpres et aux anchois par dessus.

Tourte de Morue.

La morue cuite, égouttée et refroidie, on la met par feuillets dans la pâte avec du beurre, gros poivre, un bouquet garni: la tourte cuite, on ôte le bouquet, et on verse dans la tourte une sauce à la crème.

DE LA RAIE.

On en distingue de deux espèces: la commune et la bouclée; cette dernière est estimée la meilleure: elles se servent l'une et l'autre de même façon.

Raie à la Bourgeoise.

Faites cuire votre raie dans un chaudron, dans de l'eau, du vinaigre, avec quelques tranches d'oignon et un peu de sel; après l'avoir bien lavée avec de l'eau fraîche, et l'amer du foie ôté, ne lui faites faire que deux bouillons pour qu'elle ne cuise pas trop; retirez-la ensuite sur un plat pour l'éplucher; remettez-la sur un fourneau avec un peu de son court-bouillon; prêt à la servir, égouttez-la et servez dessus telle sauce que vous jugerez à propos, comme sauce au beurre, avec des câpres et anchois à l'huile, etc.

Raie au Beurre Noir.

Faites cuire votre raie comme la précédente, nettoyez-la et parez-la de même; vous ferez frire du persil en feuilles, que vous mettrez à l'entour de votre raie; vous la masquerez de beurre noir.

Raie à la Sauce Blanche.

Faites cuire votre raie dans un court-bouillon; quand elle est cuite, vous en ôtez le limon ou la peau de dessus, des deux côtés; vous la parez et la mettez sur le plat; vous la masquez d'une sauce blanche avec des câpres par dessus et des cornichons coupés en dés.

Raie à la Sainte-Menehould.

Arrachez-en la peau et la coupez par morceaux larges de deux doigts; faites-la cuire une demi-heure à très petit feu; mettez dans une casserole un morceau de beurre avec une cuillerée de farine que vous délayez ensemble; mouillez peu à peu avec une chopine de lait; assaisonnez de sel, poivre, un bouquet de persil et ciboule, une gousse d'ail, deux échalottes, trois clous de girofle, thym, laurier, basilic, oignons en tranches, racines en zestes; faites bouillir un bon quart-d'heure; mettez-y ensuite votre raie pour la faire cuire; la cuisson faite, trempez la raie dans le plus gras de la sauce pour la paner et griller en l'arrosant avec un peu de beurre; servez à sec et une rémoulade dans une saucière. Vous trouverez la rémoulade dans l'article des *Sauces*.

Raie Marinée Frite.

Arrachez-en la peau et coupez-la par morceaux, comme la précédente, pour la faire mariner deux ou trois heures avec un peu d'eau, du vinaigre, sel, poivre, persil, ciboule, une gousse d'ail, oignons en tranches, zestes de racines, clous de girofle; ensuite, vous l'égouttez et essuyez pour fariner et faire frire. Servez avec persil frit.

Raie à la Sauce de son Foie.

Faites-la cuire comme il est dit pour la raie à la bourgeoise. Pour la sauce, vous la ferez de cette façon ; mettez dans une casserole persil, ciboule, champignons, une pointe d'ail, le tout haché très fin ; un peu de beurre ; passez-les quelques tours sur le feu, et mettez-y une bonne pincée de farine, encore du beurre, des câpres et un anchois hachés, le foie de la raie cuit et écrasé, sel, gros poivre ; mouillez avec de l'eau ou de bouillon ; faites lier sur le feu ; servez sur la raie.

DE LA MERLUCHE.

La plus blanche est la meilleure. Avant que de la mettre tremper, on la bat bien partout avec un marteau pour l'attendrir : on la fait tremper plusieurs jours, en changeant l'eau ; on la fait cuire un moment avec de l'eau de rivière ; on la retire et on la met en morceaux par feuillets.

Merluche à la Gasconne.

Mettez la merluche dans une casserole avec de l'huile fine et autant de bon beurre, du gros poivre, un peu d'ail et de sel, si elle est trop douce, posez la casserole sur un fourneau, en la remuant sans cesse jusqu'à ce que le beurre soit lié avec l'huile. Ce mets demande à être mangé sur-le-champ, parce que la sauce tourne à mesure qu'elle se refroidit.

DE LA LIMANDE, LA SOLE, LE CARRELET, LA PLIE.

Ces quatre sortes de poissons se préparent et s'accommodent toutes de la même façon. On les écaille, on les vide, on les lave et on les essuie dans un linge blanc ; après quoi on les fend sur

le dos, auprès de l'arête; on les farine ensuite
pour les faire cuire dans une friture bien chaude
et un feu clair. Quand ils sont cuits de belle
couleur, on les retire et on les sert sur une
serviette pour un plat de rôt. On les sert aussi
pour entrée, en les faisant cuire dans du vin
blanc et de fines herbes, ou dans un court-bouillon.

Limandes sur le plat, à la Bourgeoise.

Vos limandes nettoyées et vidées, faites fondre sur votre plat un morceau de beurre, mettez un peu de muscade râpée; arrangez vos
limandes sur votre plat; ajoutez l'assaisonnement; arrosez-les avec un verre de vin blanc;
vous les masquez ensuite avec de la chapelure
de pain; vous les posez sur le fourneau, un four
de campagne par-dessus.

Limandes entre deux plats.

Vos limandes écaillées, vidées et bien lavées,
vous mettez dans le plat que vous devez servir
de bon beurre que vous faites fondre, puis du
persil, de la ciboule, des champignons, le tout
haché; sel et poivre; arrangez votre poisson
dessus, et sur le poisson mettez même assaisonnement que dessous; couvrez bien votre
plat, faites cuire sur un fourneau à petit feu,
et servez à courte sauce avec un filet de verjus.

Limandes Grillées.

Vous écaillez, videz, lavez et essuyez vos limandes; ensuite vous les huilez et y ajoutez du
sel, du poivre; vous prenez des chalumeaux
de paille que vous posez sur le gril, et vos limandes par-dessus; grillez-les à petit feu, puis
dressez-les sur votre plat, et les masquez d'une

sauce italienne maigre, ou au beurre, semée de câpres dessus.

Les soles, carrelets et plies se préparent et s'accommodent comme les limandes.

DES ÉPERLANS.

On les lave et les nétoie sans les vider; on les farine, on les fait frire à grand feu, on les sert pour un plat de rôt. Pour entrée, on les met entre deux plats comme des limandes.

DU MAQUERAU ET DU SURMULET.

Le maquereau se vide, se lave, et se fend le long du dos.

Il faut écailler le surmulet, le vider, le bien laver et le couper un peu sur les deux côtés.

Ces deux poissons, bien essuyés, s'accommodent de même : on les fait cuire sur le gril et on les sert avec une sauce blanche aux câpres et anchois.

Maquereau à la maître-d'hôtel.

Après avoir vidé et bien lavé le maquereau, on le fait cuire sur le gril dans un papier gras, fendu par le dos et farci d'un bon morceau de beurre frais manié de fines herbes assaisonnées ; en servant on verse un peu de jus de citron.

DU THON.

Le thon est un gros poisson que l'on envoie tout mariné de Provence. On le mange ordinairement en salade. Dans les endroits où l'on peut en avoir de frais, on l'accommodera comme le saumon.

Thon à la provençale.

Arrangez votre thon sur le plat, que vous devez servir sur table, avec du bon beurre, du persil et des fines herbes hachés; panez-le de mie de pain, et faites-lui prendre couleur au four ou sous un four de campagne.

DU ROUGET.

Le vrai rouget ne s'écaille point : on le vide, on le lave, on en garde les foies. On le fait cuire sur le gril comme la vive, et on le sert avec les mêmes sauces. Il faut avoir soin de mettre les foies dans la sauce que vous servirez dessus.

DE LA SARDINE ET HARENG FRAIS.

Ce deux poissons s'accommodent de même. Après les avoir écaillés, lavés et essuyés avec un linge, on les fait cuire sur le gril ; quand ils sont cuits, on les sert avec la sauce suivante :

On met dans une casserole un morceau de beurre, un peu de farine, un filet de vinaigre ou citron, une cuillerée de moutarde, sel, poivre, un peu d'eau. On fait lier la sauce sur le feu, et on en masque ses sardines ou harengs frais.

Harengs saurs à la Sainte-Menehould.

Ayez une douzaine de harengs saurs, coupez leur le bout de la tête et de la queue; mettez-les tremper quatre heures dans l'eau, ensuite deux heures dans un demi-setier de lait ; faites-es égoutter et essuyer ; trempez-les dans du beurre chaud mêle avec une œmi-feuille de laurier, thym, basilic, le tout haché comme en poudre, deux jaunes d'œufs, du gros poivre; panez-les à mesure que vous les trempez dans le beurre, et faites-les griller légèrement; versez dans le fond du plat, que vous servirez sur table, deux cuillerées de verjus, et dressez vos harengs dessus.

DES ANCHOIS.

Les anchois sont de petits poissons de mer, que l'on expédie dans de petits barils et qui sont confits au sel. Ils servent ordinairement, après qu'on les a bien lavés et qu'on a ôté l'arête, à faire des salades et à mettre dans des sauces.

Anchois frits.

Après avoir fait dessaler vos anchois, vous les trempez dans une pâte faite avec de la farine, une cuillerée d'huile, et délayée avec du vin blanc; faites en sorte que la pâte ne soit pas trop liquide : quand ils sont frits et qu'ils ont pris une belle couleur, servez-les pour entremets.

Roties d'anchois.

Prenez des tranches de pain coupées proprement de la longueur et de la largeur du doigt que vous ferez frire dans de l'huile : arrangez-les dans un plat d'entremets; mettez par-dessus une sauce faite d'huile fine, de vinaigre, gros poivre, persil, ciboule, échalotte, le tout haché ,et couvrez à moitié vos roties avec des fiets d'anchois.

La manière la plus usitée de servir ce poisson, c'est frit, d'une belle couleur dorée, et saupoudrée de sel blanc. Avant de les mettre frire, on les écaille, vide, lave et essuye, ayant soin de leur laisser les foies dans le corps; on les coupe légèrement en cinq ou six endroits de chaque côté, et on les trempe dans de la farine. Au sortir de la friture on les sert sur une serviette pour plat de rôt, ou pour entrée en versant dessus une sauce blanche avec des câpres et anchois. Si on veut les servir avec plus de propreté, on ôte la tète et l'arrête du milieu, on arrange les filets du merlan sur le plat qu'on doit servir, le blanc en dessus, et on masque avec la sauce. On peut encore les servir à la bourgeoise comme les limandes.

DU VAUDREUIL.

Ce poisson se pêche sur les côtes de la Provence. Il a la chair très blanche et sert à faire de bonne farce en maigre. On le fait cuire avec du vin blanc, un verre d'huile, sel, poivre, oignons, racines, ail, persil, ciboules, tranches de citron. On peut le servir ainsi sur une serviette.

DE LA THONTINE.

La thontine est un poisson qui n'est qu'en pattes. Quand on l'a lavée, elle rend l'eau noire comme de l'encre. Les pattes servent à faire des farces, et le corps se fait cuire et se sert comme le vaudreuil.

Ce poisson, qui se trouve sur les côtes de la Bretagne, est plus gros que la morue. On le fait cuire de la même façon que la morue, et on le sert de même.

DU BAR.

Après l'avoir vidé, lavé, vous le faites cuire dans du vin blanc avec du beurre, de l'eau, sel, poivre, oignons, racines, persil, ciboules. Quand il est cuit et bien égoutté, vous le servez, pour un plat de rôt, sur une serviette, garni de persil vert.

Si vous voulez le servir en entrée, faites-le mariner une demi-heure avec un peu d'huile, sel, poivre, mettez-le sur le gril et arrosez-le de temps en temps avec l'huile qui reste dans le plat. Quand il est cuit, servez-le avec la sauce que vous jugerez à propos.

DES ÉCREVISSES DE MER, HOMARDS ET CRABES.

On les sert tous trois de même façon. On les fait cuire à grand feu pendant une demi-heure avec de l'eau et du sel ; à la place de l'eau, vous pouvez substituer du vin ; étant refroidis dans leur cuisson, frottez-les d'huile, pour leur donner une belle couleur ; cassez-leur les pattes auparavant ; ouvrez l'écrevisse ou le homard par le milieu : servez-les froids sur une serviette, les grosses pattes autour.

Moules à la poulette.

Après les avoir bien lavées, ratissez les coquilles, égouttez-les et mettez-les à sec dans une casserole sur un bon feu de fourneau ; la chaleur les fera ouvrir ; vous les éplucherez après une à une ; ayez soin d'ôter les crabes, si vous en trouvez. Après avoir ôté vos moules de leurs coquilles, mettez-les dans une casserole, avec un morceau de bon beurre, persil et ciboules hachés ; passez-les sur le feu ; mettez-y une petite pincée de farine ; mouillez avec un peu de vin blanc ; mettez une liaison de trois jaunes d'œufs ; faites lier votre sauce, et mettez-y après un filet de verjus ou de citron.

DES HUITRES.

Les huîtres se mangent crues avec du poivre ; il ne s'agit alors que de les ouvrir et de les avaler. On en sert aussi dans leur coquille, cuites sur le gril, avec du feu dessous et une pelle rouge par-dessus : quand elles commencent à s'ouvrir, elles sont cuites.

DE L'ANGUILLE DE MER.

Vous ferez cuire votre anguille dans l'eau, avec du sel, de la racine de persil ou du persil et trois ou quatre feuilles de laurier ; vous la masquerez d'une sauce à la crême ou d'une sauce brune, dans laquelle vous mettrez gros comme moitié d'un œuf de beurre d'anchois, ou d'une sauce aux tomates.

DU POISSON D'EAU DOUCE.

Court-bouillon pour les poissons d'eau douce.
Coupez en tranches quatre grosses carottes et huit oignons ; mettez ces légumes dans une

grande casserole, avec une demi-livre de beurre, une poignée de persil en branches, sept ou huit feuilles de laurier, thym, basilic, des queues de champignons, sel, gros poivre, et clous de girofle; vous faites suer, à petit feu, pendant une bonne heure, et mouillez ensuite avec sept ou huit bouteilles de vin blanc. Lorsque tous ces légumes sont cuits, vous passez ce court-bouillon au tamis, et vous vous en servez à propos.

DU BROCHET.

Ce poisson se sert très souvent pour rôt; on ne l'écaille point, on en ôte les ouïes. Après l'avoir vidé, on le fait cuire dans le court-bouillon dont nous avons indiqué la recette ci-dessus, et qui est la même pour tous les poissons d'eau douce.

Il se sert aussi pour entrées de différentes façons; alors on le coupe par tronçons, après l'avoir écaillé, et on le fait cuire de même au court-bouillon; quand il est cuit et près à être servi, on le dresse sur un plat, en mettant dessous la sauce que l'on juge à propos.

Brochet en fricassée de poulets.

Après l'avoir écaillé et coupé par tronçons, on le met dans une casserole avec un morceau de beurre, un bouquet de persil, des champignons; on le passe sur le feu, puis on y jette une pincée de farine, et on mouille avec du bouillon et du vin blanc; on le fait cuire à grand feu : sa cuisson faite et assaisonnée, on y met une liaison de jaunes d'œufs et de crême.

On le met encore en matelotte, ou frit après l'avoir fait mariner.

DE L'ANGUILLE.

L'anguille se sert de plusieurs façons : sur le gril, en fricassée de poulets, avec des ragoûts de champignons. Quand elle est grosse, on peut la faire cuir à la broche, enveloppée de papier beurré. On l'emploie aussi en gras de différentes manières, comme en fricandeau et à garnir des entrées graves. Elle est aussi excellente dans les matelottes.

Anguille à la tartare.

Après avoir dépouillé l'anguille, on la coupe par tronçons de quatre ou cinq pouces, ou à volonté; on la fait cuire dans du court-bouillon, avec très peu de sel. Lorsqu'elle est froide, on l'égoutte et on la roule dans la mie de pain; on la repane de nouveau à l'anglaise, et on lui fait prendre couleur sur le gril; on la dresse sur le plat, et on met dans une saucière une remoulade dans laquelle on incorpore la cuisson de l'anguille, après l'avoir fait réduire.

Anguille à la poulette.

L'anguille dépouillée, on la coupe en tronçons, qu'on met dans une casserole avec du sel, gros poivre, muscade et un bouquet garni; on la passe au beurre et on la change; on mouille avec une bouteille de vin de Champagne; on ajoute un maniveau de champignons bien blancs. Lorsque l'anguille est cuite, on l'égoutte et on la dresse sur un plat, avec des croûtons de pain frits entre chaque morceau :

on la met, si on le juge à propos, dans un vol-
au-vent ou une croûte de pâté chaud. On fait
réduire la cause après l'avoir dégraissée, et,
étant liée avec trois jaunes d'œufs, on la passe
à l'étamine, et on y vanne un bon morceau de
beurre frais.

DE LA CARPE.

La carpe est un des poissons d'eau douce
dont on fait le plus d'usage en cuisine. Quand
elle est grosse, elle se sert au bleu pour un plat
de rôt. Mêlée avec d'autres poissons, on l'emploie en matelotte : lorsqu'elle est seule, sans
autres poissons, elle s'appelle étuvée. Elle se
sert encore frite, ou sur le gril avec ragoûts de
légumes, sauce aux câpres, etc., ou en fricassée de poulets, ou enfin à faire des garnitures
d'entrées en gras et en maigre.

Carpe au bleu.

Après avoir vidé la carpe et ficelé la tête,
on la met dans une poissonnière; on fait bouillir un litre de vinaigre rouge, qu'on verse dans
son ébullition sur la carpe, en faisant en sorte
qu'elle baigne entièrement dans le court-bouillon, où on fait mijoter la carpe une heure, plus
ou moins, selon sa grosseur; on la laisse ensuite
refroidir; on place la carpe sur une serviette
proprement arrangée sur un plat, et on la couronne de persil.

Matelotte.

On prend une belle carpe, un brochet et une
anguille : ce sont les poissons qui ordinairement
composent une matelotte; on les approprie et
on les coupe en petits morceaux; on les met

dans une casserole, avec des carottes et oignons en tranches, un bouquet garni et un maniveau de champignons bien blancs et bien lavés, sel, gros poivre et muscade ; on les mouille avec trois bouteilles de vin de Bordeaux ; on les fait bouillir à grand feu, jusqu'à ce que le poisson soit cuit : un quart-d'heure est plus que suffisant ; on fait roussir quelques petits oignons dans du beurre et on les faire cuire, en particulier, avec le même mouillement, afin qu'ils ne s'écrasent point. On dresse la matelotte sur le plat, en mettant entre chaque morceau une croûte de pain passée au beurre, les champinons et les oignons par-dessus ; on passe le fond au tamis de soie, et on l'incorpore dans quatre cuillerées à pot d'espagnole, qu'on fait réduire de manière qu'elle puisse masquer les morceaux de poisson ; on la retire du feu, et on y vanne trois quarterons de beurre frais.

DE LA TRUITE COMMUNE ET DE LA SAUMONNÉE.

La truite commune a la chair blanche, et la saumonée rouge : la bonté de la dernière est bien supérieure à la première. Les apprêts se font de même. On les fait cuire dans un court-bouillon. Si on veut les faire aller pour entrée, on sert une sauce dessus comme pour les autres poissons. On peut aussi les faire cuire sur le gril, en suivant les mêmes procédés que pour les autres poissons, et on les sert avec un ragoût maigre. Elles s'accommodent quelquefois en gras comme le saumon frais.

De la perche.

Otez les ouïes et videz-la; faites-la cuire dans un court-bouillon avec du vin blanc; cuite, vous lui enlevez ses écailles; vous la dressez sur votre plat, et vous versez dessus une sauce aux câpres faite avec la marinade dans laquelle elle aura cuit. Vous pouvez, si vous le jugez à propos, la faire griller; pour cela, vous la faites mariner dans de l'huile, du sel, du poivre et les légumes usités : lorsqu'elle est grillée, vous levez l'écaille et y mettez la même sauce.

DE LA TANCHE.

Pour l'écailler, il faut la limoner, ce qui se fait en la mettant dans l'eau bouillante : couvrez-la promptement pour qu'elle ne vous fasse pas brûler en éclaboussant; vous la retirez après l'avoir laissée un moment; écaillez-la en commençant par le côté de la tête; prenez garde d'enlever la peau et de l'écorcher ; quand vous avez fini, vous la videz, la lavez, en ôtez les nageoires, la faites cuire sur le gril comme les autres poissons, et la servez avec les mêmes sauces. Elle se sert aussi à la poulette, après l'avoir coupée par morceaux.

DE LA LAMPROIE.

La lamproie ressemble à l'anguille : il y en a de rivière et de mer. Il faut la limoner. Vous la coupez par tronçons, et la préparez comme l'anguille à la poulette.

On la fait encore cuire sur le gril comme les autres poissons, et on la sert avec une sauce câpres ou une sauce à la rémoulade.

Le barbillon se sert en étuvée comme la carpe. Il se met aussi sur le gril, quand il est gros. On emploie le même procédé pour le meunier. Le goujon se sert frit. La brême se sert cuite sur le gril avec une sauce blanche : on la sert aussi frite pour un plat de rôt. Quoique ces poissons ne soient pas très-estimés , il s'en trouve quelquefois de très bons.

Etuvée de goujons.

Après avoir écaillé , vidé , et essuyé, sans les laver , vos goujons , prenez le plat que vous devez servir , et mettez dans le fond du beurre avec persil , ciboules , champignons , une ou deux échalottes , thym , laurier , basilic , le tout haché très fin , sel , gros poivre ; arrangez dessus des goujons et assaisonnés dessus comme dessous ; mouillez avec un verre de vin rouge ; couvrez le plat , et faites bouillir sur un bon feu jusqu'à ce qu'il ne reste qu'un peu de sauce : il ne faut qu'un quart-d'heure pour la cuisson.

DES ÉCREVISSES.

Celles de Seine et du Rhin sont estimées les meilleures. Pour connaître les premières, regardez le dessous des pattes , qui doit être rouge. Elles se mangent communément cuites dans un court-bouillon. Quand elles sont cuites, dressez-les sur une serviette , avec du persil. Vous faites aussi d'excellens coulis des coquilles d'écrevisses. Les queues servent à garnir des entrées, ou à border un plat à potage, d'écrevisses.

Des grenouilles, il n'y a que les cuisses de bonnes, en sorte qu'il faut couper absolument les pattes et le corps.

Grenouilles en fricassée de poulets.

Après avoir passé vos grenouilles dans l'eau bouillante, vous les retirez à l'eau fraîche et les mettez dans une casserole avec des champignons, un bouquet de persil, ciboule, une gousse d'ail, deux clous de girofle, un morceau de beurre ; passez-les sur le feu deux ou trois tours, et mettez-y une pincée de farine; mouillez avec un verre de vin blanc, un peu de bouillon, sel, gros poivre : faites cuire un quart-d'heure et réduire à courte sauce ; mettez-y une liaison de trois jaunes d'œufs, un bon morceau de beurre et du persil haché.

Grenouilles frites.

Mettez mariner vos grenouilles crues pendant une heure avec moitié vinaigre et moitié eau, persil, tranches d'oignons, deux gousses d'ail, deux échalottes, deux clous de girofle, une feuille de laurier, thym, basilic ; ensuite vous les laissez égoutter, et les farinez pour les faire frire : servez garni de persil frit.

Quelquefois, au lieu de les fariner, on les trempe dans une pâte faite avec de la farine délayée avec une cuillerée d'huile, un verre de vin blanc et du sel : que la pâte ne soit pas trop claire : il faut qu'elle file un peu gras en la versant avec la cuillère.

Escargots de vigne en fricassée de poulets

Dans le printemps et l'automne, on trouve

des escargots dans les vignes qui sont bons à manger, pour ceux qui les aiment. Pour les faire sortir de leur coquille et les bien nétoyer, vous mettez une bonne poignée de cendres dans un chaudron, avec de l'eau de rivière; quand elle commence à bouillir, jetez-y les escargots, pour les y laisser un quart-d'heure; lorsqu'ils se tirent aisément de leur coquille, vous les retirez dans de l'eau tiède pour les nétoyer; ensuite vous les remettez encore dans une eau claire, pour les faire bouillir un instant; retirez-les pour les égoutter. Mettez dans une casserole un morceau de beurre, avec un bouquet de persil, ciboule; une gousse d'ail, deux clous de girofle, thym, laurier, basilic, des champignons, et les escargots bien égouttés; passez le tout sur le feu; mettez-y une pincée de farine; mouillez avec du bouillon, un verre de vin blanc, sel, gros poivre; laissez cuire jusqu'à ce que les escargots soient moelleux et qu'il reste peu de sauce : en servant mettez-y une liaison de trois jaunes d'œufs, un bon morceau de beurre et quelques gouttes de jus de citron.

DES PETITS POIS.

Les petits pois se mangent pendant trois mois, juin, juillet, août. Les plus fins sont estimés les meilleurs. Les plus tardifs sont les pois carrés, quoique plus gros, ils n'en sont pas moins tendres.

Les pois verts se servent avec toutes sortes de viandes, et font d'excellens ragoûts : ils se servent aussi en gras et en maigre pour entremets.

Les pois secs servent à faire de la purée.

Petits pois à la bourgeoise.

Prenez deux litrons de petits pois, que vous laverez et manierez dans une casserole avec un morceau de beurre, un bouquet de persil et ciboule ; ajoutez-y un petit morceau de sucre ; vous les passez à grand feu, et les mouillez avec une eau de sel claire et légère. Quand cette eau est entièrement reduite, et que vos pois sont cuits, ôtez le bouquet, retirez-les du feu, et liez-les avec un quarteron de beurre frais, lequel vous aurez manié auparavant avec une très petite pincée de farine.

Petits pois à l'anglaise.

Trois quarts-d'heure avant de servir, vous faites cuire dans un poëlon d'office non étamé, deux litres de petits pois ; lorsqu'ils sont cuits, vous les égouttez sur un torchon blanc, et les liez à tour de bras avec un morceau de beurre frais.

Petits pois au petit beurre.

On prend deux litrons de pois dans lesquels on met un quarteron de beurre, et que l'on arrose d'eau ; on les pétrit ensemble avec les mains, puis on les laisse égoutter dans une passoire ; ensuite on les met dans une casserole que l'on place sur un feu ardent ; on saute les pois ; quand ils auront bien senti la chaleur, on les mouillera à l'eau bouillante, on y ajoutera du sel, du gros poivre, gros comme moitié d'une noix de sucre, un bouquet de persil et ciboule ; on fera réduire son mouillement jusqu'à ce qu'il n'y en ait presque plus : au moment de servir, lorsque

les pois bouillent, on mettera dedans trois petits pains de beurre, ou gros comme deux
œufs de beurre; on les sautera sans les tenir sur
le feu, jusqu'à ce qu'ils soient bien liés, et on
les dressera en buisson. On s'assure s'ils sont de
bon sel.

DES HARICOTS VERTS.

Vos haricots épluchés et lavés, mettez de
l'eau et du sel dans un chaudron; vous la faites
bouillir et vous y jetez vos haricots; lorsqu'ils
fléchissent sous les doigts, vous les retirez, les
égouttez dans une passoire et les mettez dans
l'eau froide; prenez ensuite un bon morceau de
beurre, que vous mettrez dans une casserole;
ajoutez-y vos haricots, avec du sel, gros poivre, persil haché et blanchi, quelques gouttes
de jus de citron : liez-les à tour de bras et servez-les chaudement.

DES HARICOTS BLANCS NOUVEAUX.

On les fait cuire dans de l'eau, du sel et
peu de beurre; quand ils sont cuits, vous les
égouttez; vous mettez dans une casserole un
bon morceau de beurre et vos haricots; vous y
ajoutez persil haché, sel, poivre et citron, et
vous les sautez.

LES LENTILLES.

On distingue deux sortes de lentilles : les lentilles ordinaires, qu'il faut choisir larges et d'un
beau blond ; et les lentilles à la reine, qui, plus
petites, ne sont souvent employées qu'à faire
des coulis.

Coulis de lentilles.

Après avoir lavé et épluché vos lentilles à la reine, vous les faites cuire avec un bouillon gras ou maigre ; ajoutez-y quelques oignons roussis dans le beurre et d'une belle couleur ; quand elles sont cuites, vous les passez à l'étamine, en les mouillant de leur bouillon ; vous les faites bouillir de nouveau sur un fourneau, et les faites clarifier ensuite en les enterrant dans de la cendre chaude : par ce procédé, vous aurez une purée de lentilles d'une superbe couleur.

Lentilles à la maître-d'hôtel.

Les lentilles cuites, on les égoutte et on les met dans une casserole avec un morceau de beurre, du persil haché, du sel et du poivre ; on saute le tout ensemble ; on sert les lentilles bien chaudes.

DES FÊVES DE MARAIS.

Ceux qui les mangent avec la robe doivent les faire cuire dans de l'eau pendant un demi-quart-d'heure pour en ôter l'âcreté. Communément elles se mangent dérobées ; quant à la façon de les accommoder elle est la même. Lorsqu'elles sont cuites dans de l'eau de sel et un bouquet de sariette, on les égoutte sur un torchon blanc et on les met dans une casserole, avec quatre ou cinq cuillerées de sauce tournée, réduite, liée avec trois jaunes d'œufs et un peu de sucre ; on y ajoute un bon morceau de beurre frais et on les lie à tour de bras.

On se sert en cuisine de trois espèces de choux : les choux blancs, les choux verts, et ceux de Milan. Ils s'accommodent tous de même

Choux au petit lard.

On coupe le chou par quartiers; après les avoir lavés; on les fait bouillir un quart-d'heure dans de l'eau; on y met du petit lard coupé par morceaux tenant à la couenne; on les retire après dans de l'eau fraîche, on les presse bien et on les ficelles; on les met cuire dans une braise avec le morceau de lard et la viande qu'on destine à servir avec, en y ajoutant du sel, poivre, un bouquet de persil et ciboule, clous de girofle, deux ou trois racines. Quand la viande et les choux sont cuits, on les retire pour les essuyer de leur graisse, et on les dresse sur le plat qu'on doit servir, le petit lard par-dessus.

Choux à la bourgeoise.

Après avoir bien lavé un chou, on le fait bouillir un quart-d'henre dans l'eau ; on le re-tire ensuite dans de l'eau fraîche, on le laisse refroidir, et on le presse sans en rompre les feuilles; on les ôte les unes après les autres, et on met à chacune un peu de farce; on remet en-suite les feuilles l'une sur l'autre, comme si le chou était entier ; on le ficelle partout et on le fait cuire dans une braise ; on le presse légè-rement pour en faire sortir la graisse; on le coupe en deux, et on dresse sur le plat; on met par-dessus un bon coulis.

Choux à la crême.

Les choux lavés, on les émince et on les fait

blanchir ; on met une poignée de sel dans de l'eau ; lorsque les choux fléchiront sous les doigts, on les rafraîchira et on les pressera comme la chicorée ; on jette un morceau de beurre dans une casserole, et on y plonge légèrement ses choux ; on leur fait boire une chopine de crême double, suivant la quantité que l'on en a, et on les sert pour entremets.

Des choux fleurs.

Le chou-fleur est une espèce de chou dont la graine nous vient d'Italie. Il sert à faire des entremets et à garnir des entrées de viande. Pour s'en servir, on les épluche, on les lave, on les fait cuire dans l'eau de sel et du beurre : lorsqu'ils sont cuits, on les dresse sur un plat, et on met dessous une sauce au coulis ou une sauce blanche.

Choux-Fleurs au parmesan.

On les fait cuire comme à l'article des *choux-fleurs* ; on fait une sauce au beurre dans laquelle on incorpore une poignée de parmesan râpé ; on dresse les choux-fleurs sur le plat et on les arrose à mesure avec cette sauce ; on les masque entièrement et on les pane avec de la mie de pain mélangée avec autant de parmesan. On fait prendre couleur au four.

DES POMMES DE TERRE.

La pomme de terre est un légume d'une grande utilité pour les petits ménages, auxquels il offre un mets très nourrissant. Il se présente aussi sur les tables des riches, mais déguisé sous des apprêts et des formes qui le font quelquefois méconnaître.

Quoique les variétés des pommes de terre puissent servir indifféremment à tous les usages, il s'en trouve cependant dans le nombre certaines que l'on doit rechercher par la plus grande délicatesse de leur chair : telles sont la ronde jaunâtre de New-Yorck, la branche longue, la ronde et la longue rouge.

Pommes de terre à l'anglaise.

On lave bien des pommes de terre ; on les fait cuire dans de l'eau et du sel, et on les épluche : quand elles sont cuites, on met tiédir un bon morceau de beurre dans une casserole, on coupe les pommes de terre en tranches , et on les jette dans le beurre; on ajoute du sel, du gros poivre : on saute les tranches de pommes de terre dans le beurre, qu'il faut avoir soin de ne pas laisser tourner en huile , et on les sert sur un plat.

Pommes de terre à la maître-d'hôtel.

Vos pommes de terre cuites dans de l'eau et du sel, vous les coupez en tranches; mettez-les dans une casserole, avec un morceau de beurre, du sel, du gros poivre; vous les posez sur le feu, les sautez avec le beurre et de fines herbes. Au moment de servir, vous mettez un jus de citron

Pommes de terre à la parisienne.

Pelez vos pommes de terre, faites-les cuire dans de l'eau et du sel ; après les avoir laissé ressuyer, mettez-les en pâte dans une casserole avec gros comme un œuf de beurre , plein une cuillère à café de fleur d'orange, un peu de sel et un bon demi-setier d'eau; faites bouillir le tout ensemble un moment; faites une pâte bien liée et bien épaisse, en remuant toujours jusqu'à ce qu'elle s'attache à la casserole : pour lors, mettez-la promptement dans un autre casserole ; délayez-y quelques œufs jusqu'à ce que la pâte devienne molle sans être claire ; faites des petits tas de pâte de la grosseur d'une noix ; mettez-les dans de la friture plus qu'à moitié chaude , en remuant sans cesse ; lorsqu'ils sont bien montés et de belle couleur , servez - les chaudement saupoudrés de sucre fin.

Pommes de terre à la morue.

Mettez cuire dans de l'eau des pommes de terre pelées : aux trois-quarts de leur cuisson, vous y joignez un morceau de morue crête, entre deux queues : lorsque la morue sera cuite, vous la mettrez égoutter , ainsi que les pommes de terre; vous dresserez la morue sur le plat que vous devez servir, les pommes de terre autour (si elles sont trop grosses vous les coupez en deux); vous ajouterez un morceau de beurre , persil , ciboules et échalottes, le tout haché , un peu de verjus ou de vinaigre, du gros poivre; vous posez le plat sur le feu et le remuez souvent : servez bien chaud.

Pommes de terre à la crême.

Vous mettez un bon morceau de beurre dans une casserole , plein une cuillère à bouche de farine, du sel, du gros poivre; vous mêlerez le tout ensemble, vous y mettrez un verre de crême; vous placerez la sauce sur le feu, et vous la tournerez jusqu'à ce qu'elle bouille;

coupez les pommes de terre en tranches et mettez-les dans votre sauce : servez-les bien chaudes.

Pommes de terre à la lyonnaise.

Emincez une dixaine d'oignons, et faites-les roussir dans le beurre; lorsqu'ils sont d'une belle couleur, vous y mettez une cuillerée à bouche de farine, et les mouillez avec du bon consommé et du jus, ou bien n'y mettez point de farine, et mettez de l'espagnole et du bon consommé à la place; vous faites cuire cet oignon à petit feu pendant une heure, et avez bien soin de le dégraisser; lorsqu'il est cuit, vous faites réduire et le retirez du feu, en y mettant un bon morceau de beurre; émincez-y les pommes de terres cuites à l'eau et chaudes, si cela est possible, car cet appareil, ainsi disposé, ne doit point retourner au feu.

Pommes de terre en boulettes.

Vos pommes de terre cuites à l'eau de sel et pelées; écrasez-les bien avec une cuillère de bois : faites un hachis des débris de viande que vous aurez, bouillie ou rôtie; mettez-y un peu de beurre, sel, poivre, persil, ciboule, échalotte, le tout haché bien menu, un ou deux œufs : prenez de vos pommes de terre en égale quantité que vous avez de viande hachée; mêlez le tout ensemble; formez-en des boulettes de moyenne grosseur; trempez ces boulettes dans un peu de blanc d'œuf que vous aurez réservé de ceux que vous avez mis dans le hachis; roulez-les ensuite dans de la farine et faites-les frire ; vous servirez avec une garniture de persil.

Pommes de terre frites.

Vous les pelez toutes crues et les coupez en tranches; farinez-les et jetez-les dans une friture extrêmement chaude; quand elles sont frites, saupoudrez-les de sel blanc.

Autre manière. Faites une pâte avec de la farine de pommes de terre ou de froment et deux œufs délayés avec de l'eau, une cuillerée d'huile, une cuillerée d'eau-de-vie, sel et poivre; battez bien votre pâte pour qu'il n'y ait pas de grumeaux; trempez dans cette pâte vos pommes de terre pelées, crues et coupées en tranches fort minces, et faites les frire de belle couleur : en servant, saupoudrez-les de sel.

Pommes de terre au beurre noir.

Les pommes de terre cuites à l'eau et épluchées, on les coupe par tranches que l'on arrange sur un plat, entourées de persil frit et masquées avec une sauce au beurre noir.

DES CAROTTES ET DES PANAIS.

On comprend ces deux légumes sous le nom de racines. On ne se sert guère des panais que pour donner du goût au bouillon : quant aux carottes, on les emploie, en outre, dans la plupart des ragoûts, et à faire quelques petits plats d'entremets.

Carottes à la sauce blanche.

On coupe proprement en tranches, et on les fait blanchir; on les fait cuire dans une chopine d'eau, très peu de sucre et une idée de beurre et de sel; lorsqu'elles sont cuites, et que le mouillement est court, on s'en sert pour faire une sauce blanche avec du beurre et de la farine, et on lie les carottes.

DU PERSIL ET DE LA CIBOULE.

On les emploie fréquemment en cuisine ; ils sont même d'une si grande utilité, qu'il n'est guère possible, sans eux, de faire de bons ragoûts.

La racine de persil ne sert que pour le pot : il en faut mettre très peu, parce qu'elle est d'un goût très fort et contraire aux personnes échauffées.

DU CERFEUIL, OSEILLE, POIRÉE, BONNE-DAME.

Toutes ces herbes sont excellentes pour faire de bonnes soupes et des ragoûts de farce. Pour faire de la farce, on les hache très menues : on les fait cuire sans eau ; ensuite on les retire et on les met dans une casserole avec un bon morceau de beurre ; on met une petite pincée de farine, et on y fait boire de la crème selon la quantité ; on l'assaisonne d'un bon goût, et on la lie avec quelques jaunes d'œufs. On sert avec des œufs mollets autour : il faut faire bouillir les œufs dans l'eau pendant cinq minutes.

DE L'OIGNON.

L'oignon entre dans beaucoup de potages, dans le jus et dans les coulis.

Le petit oignon blanc est le plus estimé pour faire des ragoûts ; pour lors on ne l'épluche point, on n'en coupe que le bout de la tête et de la queue ; on le fait cuire dans l'eau un

quart-d'heure; on le retire ensuite dans l'eau
fraîche, et, après lui avoir ôté la première
peau, on le fait cuire dans du bouillon; quand
il est cuit, on y met deux cuillerées de coulis
pour lier la sauce; on l'assaisonne de bon goût,
et l'on le sert avec ce que l'on juge à propos.

L'orsqu'ils sont cuits dans du bouillon, bien
égouttés et refroidis, ils se mangent en salade,
avec sel, poivre, huile et vinaigre.

DU POIREAU.

On ne se sert du poireau, en cuisine, que
pour mettre dans le pot; il donne bon goût au
bouillon.

DU CÉLERI

Quand il est bien blanc et bien tendre, il se
mange en salade avec une rémoulade de sel,
poivre, huile, vinaigre et moutarde; on en met
aussi dans le pot un pied ou deux, pour donner du goût au bouillon; il se sert aussi en ragoût avec de la viande : à cet effet, on le fait
cuire une demi-heure dans de l'eau bouillante,
on le retire dans de l'eau fraîche, on le passe
bien, et on achève sa cuisson avec du bouillon
et du coulis; on l'assaisonne de bon goût, et on
a soin de le dégraisser, après quoi on le sert
sons une viande à son choix.

DES RADIS ET DES RAVES..

Ils ne sont bons en cuisine que pour servir
crus en hors-d'œuvre fort commun, au commencement du dîner, à côté du potage.

Ils se mettent dans le pot, et servent aussi à faire de bons potages. On les emploie encore en ragoûts pour mettre sous la viande.

Navets Glacés.

Vous tournez une douzaine de navets en la forme que vous jugez à propos; vous les faites blanchir, et les mettez dans une casserole avec une pinte de bon bouillon ou du consommé, gros comme un œuf de sucre, autant de beurre, et deux ou trois cuillerées de blonds de veau; faites-les bouillir jusqu'à ce qu'ils soient cuits; quand ils le sont, vous les faites promptement réduire, et, après les avoir dégraissés, vous les dressez proprement sur un plat, et versez leur sirop dessus.

DES LAITÜES POMMÉES ET ROMAINES.

Quand elles sont belles et tendres, elles se mangent en salade; elles servent à garnir des potages; on en fait aussi un ragoût. A cet effet, après les avoir épluchées et lavées, vous les faites blanchir et cuire dans du bouillon et quelques bardes de lard; au moment de servir, vous les égouttez, les pressez dans un torchon, et les dressez en miroton sur un plat. Mettez entre chaque laitue un croûton de pain glacé; saucez-les avec une espagnole bien corsée.

DE LA CHICORÉE SAUVAGE BLANCHE ET VERTE.

La première n'est bonne que pour manger en salade; la seconde ne s'emploie que dans les bouillons rafraîchissans, et à faire des décoctions de médecine.

De la chicorée blanche ordinaire.

Elle se mange souvent en salade et sert quelquefois à faire des ragoûts. A cet effet, après l'avoir épluchée et lavée, vous la faites bouillir un quart-d'heure dans de l'eau; vous le retirez dans de l'eau fraîche pour la bien presser; après l'avoir hachée, vous la mettez dans une casserole avec un petit morceau de beurre, sel, poivre et muscade; vous la mouillez avec du velouté, et lui faites boire une bonne chopine de crême; lorsqu'elle est réduite, dressez-la sur le plat avec des œufs mollets ou des croûtons de pain autour.

DES SALSIFIS.

Le salsifis est une racine noire. Vous les ratissez pour en ôtez la superficie noire; quand ils sont blancs, vous les mettez à mesure dans un vase où il y aura de l'eau et du vinaigre blanc; vous les ferez cuire ensuite dans un blanc composé de farine, d'eau, de jus de citron et de sel, et vous en servirez pour ce que vous jugerez à propos, soit dans une sauce à la crême, ou dans une sauce espagnole, avec un morceau de beurre: si vous voulez les faire frire, faites-les mariner quelques heures dans du vinaigre et un peu de sel; vous les trempez ensuite dans une pâte à frire, et les servez chaudement garnis de persil frit.

On mange aussi les salsifis en salade, avec de l'huile, du vinaigre, du sel, du poivre, du persil haché, et des anchois dessalés.

On les emploie fréquemment en cuisine. Ils servent à faire des entremets, et les culs à garnir toutes sortes de ragoûts.

Les artichauts se mangent communément après avoir coupé le dessous, et à moitié les feuilles de dessus. On les fait cuire dans l'eau avec un peu de sel; quand ils sont cuits, on les met égoutter, et on en ôte le foin: on les sert ensuite avec une sauce blanche.

Ces mêmes artichauts, cuits et refroidis., se mangent aussi à l'huile, avec sel, poivre et vinaigre.

Les petits artichauts verts se mangent à la poivrade; on les met sur une assiette, et ils se placent à côté du potage pour hors-d'œuvre.

Artichauts à la barigoule.

Prenez quatre artichauts moyens et bien tendres, vous les parez et les faites blanchir légèrement, pour en ôter le foin. Mettez une livre d'huile dans une poêle, et faites frire vos artichauts du côté des feuilles, pour les faire sécher et les rendre croquantes. Ayez du persil, des champignons et des échalottes, le tout haché et assaisonné d'un bon goût; vous les passez un instant dans un peu de beurre, pour leur faire perdre leur âcreté, et les mêlez ensuite avec un quarteron de beurre frais et autant de lard râpé; vous faites entrer cet appareil dans l'intérieur de vos artichauts, et les ficelez; vous les mettez dans une casserole entre des bardes de lard, et les faites cuire doucement, feu dessus et dessous, avec quelques cuillerées de bonne huile. Servez-les avec une sauce italienne, dans laquelle vous aurez fait réduire un verre de vin blanc.

DES ASPERGES.

Les plus grosses sont estimées les meilleures, et parmi ces dernières, on préfère l'asperge de Rosny pour le goût et la grosseur. Elles se mangent de plusieurs façons. L'on en fait des ragoûts pour garnir des entrées. Elles servent communément pour entremets, avec une sauce blanche ou à l'huile, lorsqu'elles sont cuites à l'eau et refroidies.

Asperges en petits poids.

Après les avoir coupées de la grosseur des petits pois, et bien lavées, faites-les cuire un moment dans l'eau; mettez-les ensuite égoutter, et accommodez-les comme les petits pois à la bourgeoise : n'en retranchez que les laitues. (Voyez *Petits pois à la bourgeoise.*)

DU POTIRON ET DE LA CITROUILLE.

On ne s'en sert en cuisine que pour faire de la soupe avec du lait. Quand votre potiron ou citrouille est cuit à l'eau, vous l'égouttez dans une passoire et le passez en purée à l'étamine; vous la relachez avec du lait, et la faites partir sur un fourneau. Lorsqu'elle bout, mettez-y du sucre, une liaison de quelques jaunes d'œufs, peu de sel, et un morceau de beurre; versez la dans une soupière, avec des croûtons glacés au sucre et à la pelle rouge. Beaucoup de personnes la mangent sans sucre; pour lors on met du poivre et beaucoup plus de sel.

Potiron en Fricassée.

Faites cuire votre potiron dans l'eau; vous

le mettez ensuite dans une casserole avec un morceau de beurre, persil, sel et poivre; quand il a bouilli un quart-d'heure, et qu'il ne reste plus de sauce, mettez-y une liaison de jaunes d'œufs avec de la créme et du lait.

DES CONCOMBRES.

Le concombre est une des quatre semences froides. On s'en sert pour les ragoûts, et on les emploie en gras et en maigre. Leur préparation, avant de les faire cuire, est de les peler et d'en ôtez le dedans.

Concombres à la Créme.

Vous couperez les concombres en petits carrés: vous mettrez de l'eau et du sel dans une casserole; quand elle bouillira, jetez-y les concombres; dès qu'ils fléchiront sous le doigt; vous les retirerez de l'eau bouillante pour les mettre dans de l'eau froide, et vous les laisserez égoutter dans un linge : vous ferez une sauce à la crême un peu liée, et vous les mettrez dedans, puis vous les servirez sur votre plat.

DES ÉPINARDS.

Ce légume passe pour très sain; souvent on l'administre aux malades et aux convalescens; il est aussi très utile en cuisine. Après les avoir épluchés et lavés, vous les faites cuire dans l'eau; vous les retirez après dans de l'eau froide pour les bien presser; vous les mettez ensuite dans une casserole, avec un morceau de beurre, un peu de sel et de sucre , et les passez sur un fourneau très vif, pour les rendre verts; met-

tez-y une pincée de farine, et mouillez-les peu
à peu avec de la crême. Au moment de servir,
vous y mettez un bon morceau de beurre frais :
servez-les chaudement, avec des croûtons autour.

Si vous voulez les accommoder au gras, à la
place de crême, vous mettez du coulis ou du
jus de veau : apprêtés de cette façon, on peut
les servir avec de la viande cuite à la broche.

Épinards à l'Anglaise.

Prenez de jeunes épinards, que vous éplucherez, laverez bien et ferez blanchir : faites ensuite bouillir de l'eau dans un chaudron, dans
laquelle vous jetterez une poignée de sel ; mettez-y vos épinards ; quand ils se mêleront avec
l'eau, vous tâterez avec les doigts s'ils fléchissent ; alors vous les rafraîchirez ; puis vous les
hacherez et les mettrez dans une casserole avec
du sel et du poivre ; vous les remuerez sur le
feu ; lorsque vos épinards sont bien chauds,
vous y mettez un bon morceau de beurre ; vous
le mêlez avec les épinards, sans les poser sur
le feu, pour empêcher que le beurre ne se
tourne en huile : dressez-les sur votre plat, avec
des croûtons frits dans le beurre autour.

DU HOUBLON.

Il se mange ordinairement en salade cuite.
Après l'avoir fait cuire dans de l'eau avec un
peu de sel, et égoutter, vous le dressez sur le
plat, et y mettez du sel, du poivre, de l'huile et
du vinaigre.

On le mange encore accommodé comme les
asperges en petits pois.

Un bon melon est une chose difficile à rencontrer. Pour les choisir bons, vous les portez à votre nez : ils doivent sentir comme un goût de goudron, avoir la queue courte et grosse ; en le pressant sous la main, il faut qu'il soit ferme et non mollasse, qu'il ne soit ni trop vert, ni trop mûr. Ils se servent pour hors-d'œuvre au commencement d'un repas.

DES TOPINAMBOURS.

Les topinambours sont très peu estimés. Ceux qui veulent les employer doivent les faire cuire dans l'eau, ensuite les peler, et les mettre dans une sauce blanche avec de la moutarde.

DES BETTERAVES.

Les betteraves se font cuire dans de l'eau ou au four. On les mange en salade et en fricassée. Pour les fricasser, lorsqu'elles sont cuites à l'eau, émincez-les, et liez-les avec une bonne sauce à la crème.

DES CORNICHONS.

Les cornichons sont d'un grand usage en cuisine pour relever les sauces. Ceux de Hollande sont estimés les meilleurs, la couleur en est plus verte.

Cornichons confits.

Ayez de petits cornichons, ils sont préférés ; vous les brosserez sans les écorcher ; mettez-les dans des pots de grès avec du poivre-long, de la passe-pierre, de l'estragon, quelques clou de girofle, des petits oignons : vous aurez du vinaigre, dans lequel vous ajouterez du sel ; vous le ferez bouillir, et vous le verserez ainsi dans le pot où sont les cornichons et votre assaisonnement ; le lendemain faites-le encore bouillir jusqu'à trois fois ; alors vos cornichons seront verts et bien croquans ; vous les couvrirez, quand ils seront froids, avec un parchemin ou du papier.

DES CHAMPIGNONS, MORILLES ET MOUSSERONS.

Les meilleurs sont ceux qui viennent sur couche. On peut en avoir de frais toute l'année. Quant aux morilles et aux mousserons, ils naissent dans les bois, et se trouvent au pied des arbres, aux mois de mars et d'avril. Ils entrent dans une infinité de sauces et de ragoûts.

Pour avoir des morilles et des mousserons toute l'année, il faut les faire sécher. Après en avoir ôté le bout de la queue et les avoir lavés ; vous les faites bouillir un instant dans l'eau ; quand ils sont égouttés, vous les mettez sécher dans le four, dont la chaleur sera douce ; étant secs, vous les serrez dans un endroit qui ne soit point humide. Pour les employer, faites-les dégorger dans l'eau tiède.

Croûtes aux Champignons à la Provençale.

Prenez une certaine quantité de champignons, et lavez-les sans les peler ; mettez quelques cuillerées de bonne huile dans une poêle, et faites-les cuire ainsi sur un fourneau très vif pendant sept à huit minutes ; ajoutez-y, pendant qu'ils cuisent, du sel, poivre et muscade, des échalottes et du persil, le tout haché ; versez-les dans le plat et sur une croûte de pain beurrée et séchée sur le gril.

DES CAPRES GROSSES ET FINES.

Les grosses servent ordinairement pour les sauces où il faut des câpres hachées ; les fines s'emploient toujours à garnir des salades cuites, et à mettre entières dans les sauces.

DES CAPUCINES ET DE LA CHIA.

Les capucines sont des fleurs rouges qui se mettent sur les salades et qui en font l'ornement. La chia se confit dans du vinaigre, comme le cornichon, et se mange de la même façon.

DES TRUFFES.

Les grosses sont les plus estimées. Celles qui viennent du Périgord sont les meilleures. Elles se mangent ordinairement cuites dans du vin et du consommé, assaisonnées de sel, poivre, un bouquet de fines herbes, de racines et oignons. Vous ne les mettez cuire dans ce court-bouillon qu'après les avoir fait tremper dans l'eau tiède, et bien frottées avec une brosse, afin qu'il ne reste point de terre autour ; quand elles sont cuites, vous les servez pour entremets sous une serviette. Elles sont excellentes dans toutes sortes de ragoûts, soit hachées ou coupées en tranches, après les avoir pelées. C'est un des meilleurs assaisonnemens que vous pouvez servir en cuisine.

Truffes à la Maréchale.

Prenez de belles truffes bien lavées et frot-

tées avec une brosse; mettez-les, chacune assaisonnée de sel et gros poivre, et enveloppée
de plusieurs morceaux de papier, dans une petite marmite, sans aucun mouillement, cuire
dans la cendre chaude, pendant une bonne
heure, et servez-les chaudes dans leur naturel.

DU THYM, LAURIER, BASILIC, SARIETTE

ET FENOUIL.

Le thym, laurier, basilic, servent à mettre
dans tous les bouquets où il est dit de mettre de
fines herbes; la sariette ne sert guère que pour
les fèves de marais; le fenouil sert pour les ragoûts : vous le faites cuire un moment dans
l'eau; quand il est égoutté, vous le mettez sur
la viande qui lui est destinée, sans qu'il trempe
dans la sauce.

DES CHERVIS.

Il y en a qui les ratissent, ce qui les diminue
beaucoup, mais ils en sont plus délicats : d'autres se contentent de les laver et de rompre le
dur. On les fait cuire avec de l'eau et du sel
pendant un quart-d'heure, et après qu'ils sont
égouttés, on les trempe dans une pâte faite
avec de la farine, du vin blanc, une cuillerée
d'huile et du sel : on a soin qu'elle ne soit pas
trop claire, et qu'en tenant la cuillère en l'air,
elle tombe en filant; lorsqu'on les a trempés dans
cette pâte, on les fait frire et on les sert pour
entremets.

BOURRACHE.

Elles ne sont en usage, en cuisine, que pour faire des bouillons rafraîchissans, avec un petit morceau de veau, et point de sel.

DU CRESSON ALÉNOIS, CRESSON DE FONTAINE, CERFEUIL, ESTRAGON, BAUME, CORNE DE CERF ET PIMPRENELLE.

Le cresson de fontaine se sert autour d'une poularde et d'un chapon cuits à la broche; vous l'assaisonnez de sel et d'un peu de vinaigre.

Le cresson alénois, le cerfeuil, l'estragon, le baume, la corne de cerf et la pimprenelle servent pour les garnitures de salades. L'on fait aussi avec de petites sauces vertes. Vous mettez de tout suivant sa force; peu de baume et d'estragon: ces herbes étant très fortes; vous faites cuire le tout un moment dans l'eau; vous les retirez à l'eau fraîche pour les bien presser, les hachez très fines et les maniez avec un morceau de beurre; puis les jetez dans la sauce que vous jugez à propos, sans bouillir, laquelle sauce vous aurez passée à l'étamine.

DE L'AIL, ROCAMBOLE ET ÉCHALOTTE.

Vous vous en servez pour les ragoûts et sauces qui ont besoin d'être relevés, ainsi qu'il est marqué dans ce livre, à moins que vous n'en vouliez faire quelque sauce particulière.

Après la viande, rien ne fournit une plus grande diversité en cuisine que les œufs ; c'est un aliment excellent et nourrissant. Pour connaître si les œufs sont frais, on les présente à la lumière ; s'ils sont clairs et transparens, c'en est une marque assurée ; si, au contraire, ils sont piqués, c'est une preuve qu'ils sont vieux : une tache tenant à la coquille annonce qu'il ne valent rien.

Propriétés particulières des œufs.

Le jaune d'œuf frais, délayé dans de l'eau chaude avec un peu de sucre, forme ce qu'on appelle le *lait de poule* ; il est bon pour les personnes enrhumées, qui doivent le prendre en se couchant.

Le blanc, battu avec de l'eau de plantain, est bon pour l'inflammation des yeux.

Manière de conserver les œufs.

On les met dans une futaille, l'été avec de la paille, l'hiver avec du foin, et on les place dans un endroit ni trop chaud ni trop froid : la cave leur est bonne quand elle n'est point humide. Il y a des personnes qui, au lieu de paille et de foin, se servent de sciure de bois de chêne ou de cendres.

OEufs à la coque.

Quand votre eau bout, vous mettez vos œufs bouillir pendant deux minutes, vous les retirez et les couvrez une minute pour les laisser faire leur lait : servez-les dans une serviette.

OEufs brouillés.

Cassez une douzaine d'œufs et passez-les à l'étamine ; assaisonnez-les de sel, poivre et muscade; ajoutez-y une cuillerée de coulis, ou de crême, ou de consommé; remuez-les sur un fourneau bien doux avec un fouet, jusqu'à ce qu'ils s'épaississent ; quand ils commencent à épaissir, retirez-les et vannez-y un bon morceau de beurre.

OEufs frits.

Faites trois omelettes fort minces de trois œufs chacune; assaisonnez-les de persil, ciboule, sel, gros poivre ; à mesure que vous les faites, vous les étendez sur un couvercle à casserole, et les roulez bien serrés; coupez chaque omelette en deux pour en faire six morceaux de trois; en-suite vous les trempez dans un œuf battu et les panez de mie de pain; faites-les frire de belle couleur. Servez garni de persil.

OEufs au beurre noir.

Vous mettez dans une poêle un morceau de beurre que vous faites fondre sur le feu; quand il ne crie plus, vous y mettez des œufs que vous avez cassés dans un plat et assaisonnés de sel et poivre, et vous les faites cuire; passez une pelle rouge par-dessus pour faire cuire le jau-ne : en servant, vous versez le beurre sur les œufs , ainsi qu'un filet de vinaigre.

OEufs à la crême.

Mettez dans le plat que vous devez servir un demi-setier de crême ; faites bouillir et réduire à moitié; mettez-y huit œufs, du sel et gros poivre ; faites-les cuire; passez la pelle rouge par-dessus : servez à demi-mollets.

OEufs au lait.

Délayez six œufs avec une cuillerée de fa-rine, gros comme deux noix de sucre, un peu

de sel et trois poissons de lait ; mettez le tout
dans le plat que vous devez servir ; faites-les
cuire sur un fourneau : un quart-d'heure suffit;
passez la pelle rouge, et servez d'abord qu'ils
sont cuits.

OEufs à la neige.

Faites bouillir trois demi-setiers de crême
avec du sucre, de la fleur d'orange, des pra-
lines, citron confit, massepain, le tout haché
très fin ; ayez huit œufs, fouettez-en les blancs,
et mettez les jaunes à part ; prenez les blancs
fouettés avec une cuillère ; empochez deux ou
trois cuillerées à la fois dans la crême, ce qui
formera des œufs pochés sans jaune; mettez-les
égoutter, et dressez-les les uns sur les autres,
jusqu'à ce que cela vous forme huit œufs pochés, sur le plat que vous devez servir ; posez
la crême sur le feu pour la faire réduire au point
d'une sauce ; quand vous êtes prêt à servir,
mettez-y les huit jaunes; faites lier sur le feu
sans bouillir, de crainte que vos jaunes ne tournent, et versez la sauce sur les blancs d'œufs.

OEufs à la Farce.

Les œufs à la farce ne sont autre chose que
des œufs durs mis sur un ragoût de farce.

OEufs au pain

Mettez dans une casserole une demi-poignée
de mie de pain avec un poisson de crême , sel,
poivre, un peu de muscade; quand le pain a
bu toute la crême, cassez dix œufs et battez-les
ensemble pour en faire une omelette.

OEufs au miroir.

Vous prenez un plat qui aille au feu ; vous

mettez dans le fond un peu de beurre étendu partout ; cassez vos œufs et mettez-les dessus ; assaisonnez-les de sel , poivre et deux cuillerées de lait : faites-les cuire à petit feu sur un fourneau ; passez la pelle rouge dessus et servez.

OEufs pochés au jus.

Vous mettez de l'eau aux trois-quarts d'une casserole avec du sel et un peu de vinaigre ; vous la placerez sur le bord du fourneau ; en cassant l'œuf, prenez garde d'endommager le jaune , versez doucement l'œuf dans l'eau ; mettez-en cinq ; laissez-les prendre , tenez toujours l'eau bouillante ; retirez-les de l'eau avec une cuillère percée; s'ils ont un peu de consistance vous les mettez dans de l'eau froide. On se sert toujours d'œufs frais pour pocher.

Pour un entremets , pochez—en douze ou quinze ; vous les changerez d'eau ; un instant avant de servir, vous les ferez chauffer ; égouttez-les sur un linge blanc et dressez-les sur un plat ; vous mettrez un peu de mignonnette de poivre sur chaque œuf, et du jus dessous.

OEufs en filets.

Passez sur le feu, avec un morceau de beurre, de l'oignon, des champignons coupés en filets , avec une petite pointe d'ail ; quand l'oignon commence à se colorer, mettez-y une bonne pincée de farine ; mouillez avec du consommé et un verre de vin blanc, sel, gros poivre ; faites bouillir une demi-heure et réduire au point d'une sauce; ensuite vous y mettez des œufs durs, les blancs coupés en filets et les jaunes entiers : faites bouillir un moment et servez.

OEufs au fromage.

Mettez dans le plat que vous devez servir trois ou quatre cuillerées de crême réduite, et cassez-y dix œufs; prenez garde que le jaune ne crève; saupoudrez-les de fromage de Parmesan râpé et d'une pincée de mignonnette; vous les faites cuire au four et les rendez mollets.

OEufs à la bourgeoise.

Etendez du beurre de l'épaisseur d'une lame de couteau, dans le fond du plat que vous devez servir; mettez-y partout des tranches de mie de pain coupées très minces, et aussi de petites tranches de fromage de Gruyère, ensuite huit ou dix œufs; assaisonnez d'un peu de sel, muscade, gros poivre : faites cuire à petit feu sur un fourneau.

OEufs au gratin.

Prenez un plat qui souffre le feu; mettez dessus un petit gratin, que vous faites avec de la mie de pain, un morceau de beurre, un anchois haché, persil, ciboules, une échalotte; le tout haché, trois jaunes d'œufs; mêlez le tout ensemble avant de le mettre dans le fond du plat; faites-le attacher sur un petit feu; ensuite vous casserez dessus sept ou huit œufs, que vous assaisonnerez de sel et poivre; faites cuire doucement; passez la pelle rouge dessus : quand ils seront cuits, le jaune mollet, servez.

OEufs en gratin au parmesan.

Mettez dans le fond du plat que vous devez de servir gros comme la moitié d'un œuf de mie de pain avec un peu de fromage de parmesan râpé, un morceau de beurre, deux jaunes d'œufs

crus, un peu de muscade et de gros poivre;
mêlez le tout ensemble et l'étendez; faites-le
attacher sur un petit feu, et ensuite vous y casserez dix œufs; poudrez tout le dessus des œufs
avec du parmesan râpé; faites cuire, et passez
la pelle rouge : ayez soin que les jaunes ne
soient qu'à demi-mollets.

OEufs à la tripe.

Coupez en petits dés une demi-douzaine
d'oignons; faites-les roussir dans du beurre;
lorsqu'ils sont d'une belle couleur, épongez-les
et mouillez-les avec du consommé ou du bon
bouillon; faites réduire, et dégraissez : au moment de servir, vous ajoutez un bon morceau
de beurre, sans faire bouillir, et une douzaine
d'œufs durs coupés en tranches.

OEufs à la huguenotte.

Prenez le plat que vous devez servir et mettez-le sur un feu moyen avec un peu de jus;
cassez doucement des œufs pour que les jaunes
restent entiers; assaisonnez de sel, gros poivre;
faites cuire le dessus avec une pelle rouge, et
les servez à demi-mollets.

OEufs en timbales.

Faites fondre un peu de beurre pour beurrer en-dedans six gobelets ou timbales de cuivre; vous prenez six œufs, blancs et jaunes,
que vous délayez avec trois ou quatre cuillerées de coulis; assaisonnez de sel, poivre; pas-
se-les dans une étamine et versez-les dans les
gobelets (il ne faut pas les remplir); mettez-les
cuire au bain-marie; que l'eau bouille doucement; quand ils sont fermes, il faut passer légèrement autour un couteau pour les détacher

du gobelet, et les renverser dans le plat. Servez avec un jus clair.

OEufs grillés.

Prenez une grande feuille de papier blanc, que vous coupez en petits carrés égaux; mettez chaque petit carré en double, pour le plier en petites caisses; beurrez-les en-dedans et en-dehors; prenez un bon morceau de beurre, que vous mêlez avec une demi-poignée de mie de pain, persil, ciboule, une pointe d'ail, sel, gros poivre, et mettez ensuite le tout dans le fond de vos caisses; cassez un œuf dans chaque caisse; assaisonnez-le dessus avec un peu de sel et poivre fin; faites-les cuire à petit feu sur le gril : passez la pelle rouge par-dessus; que les jaunes soient à demi-mollets. Servez-les avec les caisses.

OEufs brouillés aux pointes d'asperges.

Vous les faites comme les œufs brouillés ordinaires, et y ajoutez, avant de les faire bouillir, des pointes d'asperges cuites, ou des tomates ou des truffes : il faut que tout ce qui est mélangé avec les œufs soit préparé comme si on allait le manger, n'importe cependant que cela soit chaud ou froid.

OEufs à la portugaise.

Faites durcir des œufs; coupez-les également par moitié, et séparez les jaunes des blancs; vous mettez les jaunes dans un mortier avec gros comme un œuf de mie de pain trempée dans du lait et pressée dans un linge; pilez le tout ensemble, et, un instant après, joignez-y un quarteron de beurre, deux jaunes d'œufs et un blanc, l'un et l'autre crus, sel, poivre et muscade. Cette farce étant bien pilée, il est inutile de la passer au tamis à quenelle; relevez-la sur un plat, et mettez-en sur vos œufs, en leur donnant la forme comme s'ils étaient entiers; panez-les de mie de pain et faites leur prendre une belle couleur dans un four d'une chaleur un peu vive. Si vous voulez les faire frire, trempez-les dans de l'œuf entier avant de les paner.

Omelette à la bourgeoise.

Cassez dans une casserole la quantité d'œufs que vous voulez employer pour votre omelette; saupoudrez-les de sel fin, et battez bien vos œufs; faites fondre du beurre dans une poêle; mettez-y vos œufs et faites-les cuire; ayez soin que votre omelette soit d'une belle couleur, et renversez-la dans le plat que vous devez servir.

Ceux qui aiment le persil et la ciboule en peuvent mettre dans l'omelette, mais il faut qu'ils soient bien hachés.

Omelette au rognon.

Vous hachez bien votre rognon, pour qu'il se mêle bien avec vos œufs; vous battez le tout ensemble, et vous faites cette omelette dans une poêle comme les autres. Vous vous réglerez sur l'assaisonnement qu'il y a dans le ragoût pour saler l'omelette, afin qu'elle ne soit pas de trop haut goût.

En général, vous emploierez les mêmes procédés pour les omelettes au lard, aux pointes d'asperges, aux truffes, aux champignons, aux morilles et aux mousserons.

Omelette aux harengs saurs.

Ouvrez vos harengs par le dos, et faites-les

griller; vous les hachez et les mettez dans l'o-
melette, comme si vous mettiez du jambon ; il
ne faut point de sel dans les œufs : finissez ce tte
omelette comme les autres.

Omelette soufflée.

Cassez six œufs ; mettez les blancs et les jaunes à part; ajoutez plein quatre cuillères à bouche de sucre en poudre; vous hacherez bien fin
la moitié du zeste d'une écorce de citron, que
vous mettrez avec les jaunes; vous les mêlerez
avec du sucre et le citron ; au moment de servir, vous fouetterez vos blancs d'œufs comme
pour des biscuits; vous mêlerez bien les jaunes
avec les blancs : vous mettez après cela un quarteron de beurre dans la poêle sur un feu peu
ardent; dès que le beurre est fondu, vous y
joignez les œufs ; vous remuerez l'omelette,
pour que le fond vienne dessus; quand vous
voyez que l'omelette a bu le beurre, vous la
versez en chausson sur un plat beurré, que vous
mettrez sur un lit de cendres rouges; vous jeterez du sucre en poudre sur l'omelette : posez
dessus le four de campagne très chaud; lorsqu'elle sera cuite à propos, servez.

DES RAGOUTS.

Ragoût de truffes.

Pelez de moyennes truffes et coupez-les en
tranches; mettez-les dans une petite casserole;
vous les passez avec très peu de beurre et de
muscade râpée; vous les mouillez avec de l'espagnole et du consommé, et, après les avoir dé-

graissés, vous incorporez un verre de vin de Champagne réduit.

Ragoût de mousserons.

Mettez des mousserons dans une casserole avec un morceau de beurre, un bouquet de persil et ciboule; passez-les sur le feu; mettez-y une pincée de farine, et mouillez avec un verre de bouillon, un demi-verre de vin blanc, autant de jus; faites cuire une bonne heure; dégraissez et ajoutez-y un peu de coulis, si vous en avez; si vous n'en avez pas, vous y mettrez un peu plus de farine en les passant; assaisonnez de sel et gros poivre.

Le ragoût de champignons ou de morilles se fait de même, à la différence qu'il faut que les morilles soient bien lavées et battues dans plusieurs eaux pour en faire sortir le sable.

Ragoût d'écrevisses.

Après les avoir fait bouillir un moment dans l'eau, on en épluche les queues seulement, que l'on met dans une casserole avec un demi-verre de vin blanc, autant de bouillon, et un verre de coulis; on les fait bouillir un bon quart-d'heure, et on les sert avec ce que l'on veut: si c'est avec un coulis d'écrevisses, on les fera cuire simplement avec du bouillon et du vin blanc; et, lorsqu'il n'y aura presque plus de sauce, on les mettra dans un coulis d'écrevisses.

Ragoût de pistaches.

Ayez une demi-poignée de pistaches, que vous mettrez un instant à l'eau bouillante; à mesure que vous les en retirerez, vous les jetterez dans de l'eau fraîche, puis vous en ôterez la peau et les laisserez égoutter; vous les mettrez ensuite dans une sauce faite avec de bon coulis.

Ragoût de foies gras.

Vous ôtez l'amer des foies gras et les coupez par morceaux, s'ils sont trop gros; vous les faites cuire dans une mirepoix, et, après les avoir égouttés, vous les incorporez, au moment de servir, dans une bonne espagnole clarifiée et réduite à son point.

Ragoût de choux.

Faites bouillir dans l'eau, pendant une demi-heure, la moitié d'un chou moyen; retirez-le à l'eau fraîche, pressez-le bien et ôtez-en le trognon; hachez un peu le chou, et mettez-le dans une casserole avec un morceau de bon beurre; passez-le sur le feu; mettez-y une bonne pincée de farine mouillée avec du bouillon et du jus, jusqu'à ce qu'il y en ait assez pour donner une couleur dorée à votre ragoùt; faites bouillir à petit feu jusqu'à ce que le chou soit cuit et réduit à courte sauce; assaisonnez de sel, gros poivre, un peu de muscade râpée; servez dessous la viande que vous jugerez convenable.

Ragoût de farce.

Mettez dans une casserole, avec un bon morceau de beurre, oseille, laitue, cerfeuil, persil, ciboule, pourpier, le tout bien lavé, haché et bien pressé; passez ces herbes sur un bon feu jusqu'à ce qu'il n'y ait plus d'eau; mettez-y une bonne pincée de farine; mouillez avec du jus et du coulis; assaisonnez de sel et gros poivre; faites cuire et servez à courte sauce. Si c'est en maigre, après avoir mis de la farine, faites bouillir jusqu'à ce que les herbes soient cuites et qu'il ne reste plus de sauce; mettez-y une liaison de trois jaunes d'œufs délayés avec de la crème ou du lait; faites lier sur le feu sans bouillir.

Ragoût de laitances.

Vous faites réduire une demi-bouteille de vin de Champagne avec un bouquet garni; quand elle est réduite, ôtez le bouquet, et mettez à la place quelques cuillerées d'espagnole et de consommé; clarifiez cette sauce, et réduisez-la ensuite à son point : après avoir fait blanchir légèrement des laitances de carpe, faites-les mijoter quelques minutes dans leur ragoût.

Ragoût mêlé.

Mettez dans une casserole des champignons coupés en quatre, des foies gras, deux ou trois culs d'artichauts à moitié cuits à l'eau et coupés par morceaux, un bouquet de persil et ciboules, une demi-gousse d'ail, un peu de beurre; passez le tout sur le feu; mettez-y une pincée de farine : mouillez avec un demi-verre de vin blanc, un peu de coulis et du bouillon : faites cuire une demi-heure; dégraissez; assaisonnez de sel, gros poivre. Si vous avez des petits œufs, après les avoir fait bouillir un instant, pour en enlever la peau, vous les ajoutez au ragoût, et lui faites faire encore un bouillon : si vous n'en avez point de naturels, et que vous en vouliez de factices, vous en ferez suivant la recette indiquée.

Si vous désirez ce ragoût au blanc, vous n'y mettrez point de coulis, et, avant de servir,

vous mettrez une liaison de trois jaunes d'œufs
avec de la crème.

Ragoût de moules.

En maigre, les moules s'accommodent comme
nous l'avons dit à l'article des *poissons*.

En gras, on met dans une casserole quelques
champignons, un bouquet de persil et ciboules,
une gousse d'ail, deux clous de girofle, un petit morceau de beurre, un oignon en tranches
avec une racine : on les passe sur le feu jusqu'à
ce qu'ils soient colorés; on y met une pincée de
farine; on mouille avec un verre de vin blanc,
de l'eau de moule, du jus : on fait bouillir une
bonne demi-heure; on dégraisse; on ajoute un
peu de coulis : si on n'en a point, il faut un
peu plus de farine et de jus : on fait réduire au
point d'une sauce; on la passe à l'étamine; on
y met les moules sans coquilles, après qu'on
les a fait ouvrir sur le feu, un peu de gros poivre et du sel, si l'eau des moules n'a point assez salé la sauce.

Ragoût d'olives.

Vous prenez telle quantité d'olives que vous
jugez à propos : vous coupez chacune en tournant autour du noyau, de façon que la chair y
tienne; vous les mettez à mesure dans l'eau;
après les avoir bien égouttées, vous les faites
blanchir et les incorporez dans de l'espagnole
clarifiée et réduite.

Ragoût au salpicon.

Mettez dans une casserole un ris de veau
blanchi, deux culs d'artichauts aussi blanchis,
des champignons, le tout coupé en dés, avec
un bouquet de persil, ciboule, une demi-gousse

d'ail, un clou de girofle, une demi-feuille de laurier, un peu de basilic, un morceau de beurre; passez le tout sur le feu et mettez-y une bonne pincée de farine; mouillez avec du jus, vin blanc, un peu de bouillon, sel, gros poivre; faites cuire et réduire à courte sauce; dégraissez avant que de servir.

Ragoût de marrons.

Vous pelez un quarteron de marrons, et les passez au beurre sur un fourneau très vif; par ce procédé, vous leur enlèverez la seconde peau. Vous les faites cuire ensuite dans de l'espagnole et du consommé : faites en sorte que la sauce ne soit pas trop claire, et que les marrons ne soient pas trop cuits, car ils s'écraseraient.

Hachette de toutes sortes de viandes cuites à la broche.

Vous prenez de la viande cuite à la broche, telle que vous l'aurez, soit de boucherie ou volaille ou gibier; vous la couperez par tranches fort minces; vous la mettrez dans une casserole avec un peu de persil, ciboules, échalottes, champignons, le tout haché, un peu de bouillon, sel, gros poivre; vous faites mijoter le tout sur le feu pendant un quart-d'heure; vous mettez dans le plat que vous devez servir un peu de la sauce de votre viande, avec de la mie de pain; vous arrangez votre viande sur la mie de pain; vous remettrez sur la viande encore un peu de mie de pain; vous faites attacher sur un feu doux, jusqu'à ce qu'il se fasse un petit gratin au fond du plat; vous verserez ensuite le reste de la sauce par-dessus, avec un filet de verjus ou de vinaigre, à défaut de verjus.

Hachis de Bœuf.

Hachez très fin trois ou quatre oignons, et mettez-les dans une casserole avec un peu de beurre; passez-les sur le feu, jusqu'à ce qu'ils soient presque cuits; mettez-y une bonne pincée de farine, que vous remuerez jusqu'à ce qu'elle soit d'une couleur dorée; mouillez avec du bouillon, un demi-verre de vin, sel, gros poivre; laissez bouillir jusqu'à ce que l'oignon soit cuit, et qu'il n'y ait plus de sauce; mettez-y du bœuf haché; faites-le bouillir, pour qu'il prenne goût avec l'oignon : en servant mettez-y une cuillerée de moutarde ou un filet de vinaigre.

Manière de faire la Mirepoix.

Vous coupez en très petits dés un quarteron de jambon maigre et une livre de lard; mettez le tout dans une casserole, avec une demi-livre de beurre, un bouquet garni, une carotte et un oignon; après avoir fait mijoter cela pendant une heure, vous les mouillez avec un demi-verre d'eau, afin de faire fondre, le plus qu'il vous sera possible, le lard et le jambon.

Sauce à l'italienne.

Mettez dans une casserole deux bonnes cuillerées d'huile fine, des champignons hachés, un bouquet de persil, ciboules, demi-feuille de laurier, gousse d'ail, deux clous de girofle; passez le tout sur le feu, et mettez-y une poignée de farine; mouillez avec du vin blanc, autant de bouillon et un peu de coulis, sel, gros poivre; faites bouillir une demi-heure, dégraissez, ôtez le bouquet et servez. Si c'est en maigre, vous mettrez du bouillon maigre, et à la place de coulis, un peu plus de farine, et deux cuillerées de jus d'oignons.

Roties au jambon.

Elles se font en coupant six ou sept tranches de pain de la largeur de deux bons doigts, vous les passez dans du beurre, jusqu'à ce qu'elles soient d'une belle couleur dorée; vous coupez autant de tranches de jambon de même grandeur, que vous faites dessaler une heure dans l'eau, s'il n'est pas nouveau; ensuite vous les mettez dans une casserole, sur un petit feu, pendant une heure; quand le jambon est cuit, vous l'ôtez de la casserole; vous mettez dans sa cuisson une pincée de farine pour faire un petit roux; vous mouillez ce roux avec du bouillon sans sel et un bon filet de vinaigre; vous laissez bouillir cette sauce un bon quart-d'heure; après l'avoir dégraissée, vous la passez au tamis; vous dressez le jambon sur les roties de pain, avec la sauce par-dessus, semée de quelques grains de gros poivre.

Roties au lard.

Coupez des tranches de pain de la largeur de deux doigts et d'égale grandeur; mettez dessus suffisamment de petit lard coupé en petits dés et manié avec un œuf cru, persil, ciboule, une échalotte, le tout haché, et gros poivre : faites-les frire à petit feu, et servez avec une sauce claire dans laquelle vous mettrez un filet de vinaigre.

Roties aux anchois.

Elles se font avec des mies de pain passées au beurre; on arrange dessus une demi-douzaine d'anchois bien lavés et coupés en filets minces dans leur longueur; assaisonnez les roties avec de l'huile, du vinaigre et du gros poivre.

Roties de rognons de veau.

On coupe des mies de pain de même grandeur que les précédentes, et on met dessus une farce d'un rognon de veau cuit à la broche, qu'on hache avec autant de sa graisse, persil, ciboule, une échalotte, sel, gros poivre : on lie de quatre jaunes d'œufs et les blancs fouettés ; on met cette farce sur les roties; on unit le dessus avec un couteau trempé dans de l'œuf battu ; on pane avec de la mie de pain; on fait cuire dans une tourtière avec du feu dessous et dessus, et on sert les roties avec une petite sauce claire, un peu relevée.

Roties aux épinards.

Le ragoût d'épinards fini de bon goût et bien épais, vous y mettez ensuite deux jaunes d'œufs crus : vous arrangez les épinards sur des mies de pain coupées comme les précédentes; vous unissez avec un couteau trempé dans de l'œuf; vous panez le dessus de mie de pain, et vous les faites frire. Servez sans sauce.

Roties aux haricots verts.

Elles se font comme celles aux épinards.

Roties de toutes sortes de viande.

Prenez telle viande que vous jugerez à propos, de celle qui a été desservie de la table; coupez-la en petits dés pour en faire un ragoût bien lié; quand il est froid, vous y mettez deux jaunes d'œufs crus; dressez votre viande sur des mies de pain; unissez le dessus avec un couteau trempé dans de l'œuf; panez de mies de pain, et faites frire de belle couleur. Servez avec une sauce claire.

DES ÉPICERIES.

Le sel. Tout le monde sait qu'il est indispensable. Le poivre l'est un peu moins. Le salpêtre sert à faire des glaces; on le mêle avec deux tiers de glace pour faire les crêmes et liqueurs l'on juge à propos.

La muscade, le clou de girofle, le macis, le gingembre, le poivre fin, la fleur muscade, la canelle, la coriandre, servent à assaisonner les ragoûts. L'on en fait aussi des épices mêlées, en mettant de chacune la dose qui lui est convenable. Sans se donner cette peine, on en trouve de toutes préparées chez les épiciers. Ces épices mêlées sont excellentes pour toutes sortes de pâtes et entremets de viande froide.

Le genièvre n'est bon que pour les viandes que l'on veut mettre au sel, comme pièce de bœuf et petit salé, jambon pour fumer : il en faut très peu.

La moutarde se sert à côté du bœuf, à dîner, et à faire des sauces Robert et rémoulade.

Les pistaches s'emploient pour des crêmes, des galentines, et à faire quelques ragoûts particuliers.

Les amandes douces et amères servent à faire des biscuits, des macarons, des abaisses de massepains, et entrent dans plusieurs sortes de crêmes; elles servent aussi à faire de l'orgeat, comme il est expliqué au titre *office*.

Le vinaigre rouge et blanc, le citron et l'orange aigre, servent à relever le goût des sauces.

La bonne huile d'olive sert pour toutes sortes de salades , et dans une infinité de ragoûts.

Manière de faire le vinaigre.

Vinaigre rouge. Ayez un baril neuf de grandeur à contenir vingt pintres de liquide (s'il est de vieux bois , il faut le faire doler en dedans). Faites bouillir une peinte du plus fort vinaigre; mettez-le tout bonillant dans le baril que vous boucherez bien avec le bondon , et roulez le baril en agitant le vinaigre , jusqu'à ce qu'il soit tout-à-fait froid. Six heures après vous ôtez ce vinaigre , et mettez le baril en place dans un endroit chaud, ayant soin de le bondonner. Vous faites un trou sur le haut du baril , au-dessus du jable , assez grand pour introduire le bout d'un grand entonnoir ; vous y versez , par son moyen , deux pintes de bon vinaigre ; huit jours après vous y ajoutez une pinte de vin propre à faire du vinaigre , et de huit jour en huit jours vous en ajoutez une semblable quantité , jusqu'à ce que le baril soit à moitié plein; alors vous en pouvez mettre davantage : ayez attention de vous assurer , avant de remettre de nouveau vin , que le vinaigre du baril est toujours aussi fort que le premier que vous avez mis, parce que, s'il était plus faible, l'augmentation que vous feriez n'aurait pas la même force. Votre baril étant plein , et le vinaigre dans sa bonté , vous en retirez les deux tiers que vous mettez dans un autre vaisseau ; ensuite vous remettez du vin peu à peu comme ci-dessus ; et, par ce moyen , vous avez toujours du vinaigre. Le vin le plus propre à faire du vinaigre, est celui que l'on retir e auprès de la lie, celui qui est poussé et aigri, sans avoir de fleurs; Lorsque le vinaigre n'a pas assez de couleur, vous y mettez du jus de mûres sauvages.

Vinaigre blanc. Il se fait avec le rouge. Pour opérer ce changement, vous mettez sur le feu dix pintes de vinaigre rouge, plus ou moins, suivant la quantité que vous voulez du blanc; vous le faites bouillir jusqu'à ce qu'il soit réduit à huit; ensuite vous le faites distiller à l'alambic.

Vinaigre rosat. On fait sécher deux jours au soleil une once de roses muscades que l'on met dans une pinte de vinaigre blanc, lequel on expose ainsi au soleil pendant quinze jours dans une bouteille bien bouchée, pour y laisser infuser les roses : au bout de ce temps, on décante le vinaigre, on en exprime le marc, et on le met dans des bouteilles que l'on a soin de bien boucher.

Vinaigre d'estragon. On fait sécher de l'estragon au soleil; on le met dans une cruche que l'on emplit de vinaigre; on le laisse infuser pendant quinze jours; au bout de ce temps, on décante la liqueur, on en exprime le marc, et on le filtre à la chausse de coton : on met ce vinaigre en bouteilles; on les bouche bien, et on les place dans un endroit frais.

Vinaigre printanier pour la salade. Prenez trois onces d'estragon, autant de sariette, de civette, d'échalotte et d'ail, une poignée de sommités de menthe et de baume; faites sécher le tout : mettez-le ensuite dans une cruche avec huit pintes de vinaigre blanc; faites-le infuser

au soleil pendant quinze jours ; au bout de ce
temps, décantez-le, exprimez-en le marc, fil-
trez-le, et gardez-le dans des bouteilles parfaitement bouchées.

DU BEURRE, DU FROMAGE ET DU LAI-TAGE.

DU BEURRE.

Le meilleur est celui qui est jaune naturelle-
ment, et qui ne se fait pas sentir ; le blanc
n'est pas, à beaucoup près, d'un goût si agréable. Les beurres de mai et de septembre sont
les plus estimés pour la bonté, et c'est dans ces
deux saisons qu'on doit en faire sa provision,
soit pour en fondre ou pour en saler.

Beurre fondu.

Sur trente livres de beurre mis dans un
chaudron bien propre, vous mettez quatre clous
de girofle, deux feuilles de laurier, deux oignons. Vous faites cuire ce beurre à petit feu
pendant trois heures, sans l'écumer, jusqu'à ce
qu'il soit parfaitement clair ; vous le retirez
ensuite du feu pour le laisser reposer pendant
une heure, vous l'écumez ensuite et le versez
doucement dans des pots de grès. Passez le fond
du beurre au travers d'un tamis. Quand vos
pots sont pleins, vous les portez à la cave ;
étant froids, vous les couvrez d'un papier et
d'une ardoise. Ce beurre ne peut se garder
long-temps.

Beurre salé.

Après avoir lavé votre beurre plusieurs fois

pour faire sortir son lait, vous en prenez deux livres à la fois, que vous mettez sur une table bien nette ; vous l'étendez avec un rouleau de l'épaisseur d'un doigt, vous répandez du sel en juste quantité ; vous pliez le beurre en trois ou quatre, et le repétrissez de cette façon, jusqu'à ce que le beurre soit bien mêlé avec le sel. Continuez de cette façon, deux livres par deux livres, jusqu'à la fin. Vous mettrez à mesure dans des pots de grès bien propres, et le presserez bien avez la main, pour qu'il ne reste point de vide. Les pots pleins, vous prenez du sel que vous faites fondre avez un peu d'eau, et que vous mettez sur la superficie des pots : portez-les à la cave, et couvrez-les de même façon que ceux du beurre fondu.

DU FROMAGE.

La nomenclature des fromages est très étendue : nous ne parlons que de ceux que l'on emploie assez souvent en cuisine et pour les desserts.

On a les fromages de chevrettes, qui sont faits avec du lait de chèvre mêlé d'un tiers de lait de vache : quand ils sont affinés, ils sont très bons.

Les fromages de Brie, qui abondent partout : il y en a d'excellens.

Ceux de Bretagne, de Languedoc, de Hollande, de Gruyère, de Parmesan et de Roquefort.

Les fromages mous, nouvellement faits : ils se servent au gros sel.

Les petits fromages à la crême, qui se man-

gent avec du sucre , et qui se servent sur la table , au dessert. Il n'y a que le Parmesan et le
Brie dont on se serve en cuisine.

DU PARMESAN.

Il sert à faire des entrées en gras et en maigre. A cet effet, on le râpe : la viande ou le
poisson que vous destinez pour servir avec,
doit être cuit à la braise ou en ragoût; la sauce
et la viande doivent être moins salées qu'à l'ordinaire , à cause du Parmesan.

Ramequin.

Mettez une chopine de crême dans une casserole avec un quarteron de beurre , et lorsqu'elle commence à frémir, vous y ajoutez deux
cuillerées de farine, et faites dessécher cette pâte
jusqu'à ce qu'elle ne colle plus au doigt ; vous
la retirez du feu et lui faites boire sept ou
huit œufs , deux par deux ; vous y incorporez
une demi-livre de fromage de Gruyère coupé
en petits dés et une pincée de mignonette. Couchez alors vos ramequins sur des feuilles, et après
les avoir dorés avec de l'œuf, vous les faites
cuire dans un four doux. Vous les retirez lorsqu'ils sont fermes et d'une belle couleur.

DU LAITAGE.

Rien ne demande plus de soin que le laitage,
parce qu'il est susceptible de prendre un mauvais goût et que la moindre malpropreté peut le
faire tourner.

C'est avec le lait que se font les crémes qui
se servent pour entremets.

18

Crème à l'italienne.

Faites bouillir dans une casserole trois demi-setiers de lait; mettez-y alors un peu d'écorce de citron vert, une pincée de coriandre, un petit morceau de cannelle, un peu plus d'un demi-quarteron de sucre, deux grains de sel; continuez de faire bouillir jusqu'à moitié réduction, et laissez un peu refroidir. Ayez dans une autre casserole une pincée de farine délayée avec six jaunes d'œufs; mettez-y votre crème peu à peu en la remuant à mesure; passez-la au tamis, et dressez-la sur le plat que vous devez servir; faites-la prendre au bain-marie, et avant de la servir, passez la pelle rouge par-dessus pour la colorer.

Crème au café blanc.

Prenez un quarteron de café, et faites-le roussir dans une poêle. Lorsqu'il est brun, vous le mettez dans une chopine de crème ou de lait bouillant; couvrez-le, afin qu'il infuse. Si vous faites votre crème dans de petits pots, vous devez mettre un jaune d'œuf pour chacun, du sucre ou un grain de sel, selon le goût des personnes. Si vous la faites dans une casserole d'entremets ou dans un plat creux, vous devez suivre ces proportions, et vous arranger de manière qu'il n'y ait jamais d'infusion du reste, afin que le goût du café ou de toute autre odeur soit plus fort. Vous faites prendre la crème au bain-marie, avec du feu dessus, et surtout vous prenez garde qu'elle ne bouille. Tous les appareils de crème doivent en général être passés à l'étamine.

Créme au chocolat.

Vous ratissez une demi-livre de chocolat, selon la quantité que vous voulez en faire, et le faites fondre sur un fourneau avec un demi-verre d'eau et du sucre; étant fondu, vous le mêlez avec de la crême, un grain de sel et des jaunes d'œufs, dans la même proportion que la précédente. Vous la faites prendre de même au bain-marie.

Créme au caramel.

Prenez une once de sucre, lequel vous écrasez bien fin; mettez-le dans un poêlon non étamé sans eau, et le faites fondre sur un fourneau; étant fondu, il est au cassé; vous devez attendre le moment où il est d'une couleur blonde un peu foncée; alors vous y jetez une pincée de fleur d'orange pralinée, que vous mouillez, et faites fondre avec une cuillerée d'eau : vous incorporez cela avec de la crême ou du lait, et le finissez comme la crême au café blanc.

Créme à la frangipane.

Mettez dans une casserole deux cuillerées de farine avec du citron vert râpé, de la fleur d'orange grillée et hachée une petite pincée de sel ; délayez le tout avec trois œufs, blancs et jaunes, une chopine de bon lait, un morceau de sucre; faites cuire votre crême en la tournant toujours sur le feu pendant une demi-heure; quand elle sera froide, elle vous servira pour faire des tourtes de frangipane ou des tartelettes. Vous n'avez plus qu'à la mettre sur une pâte de feuillage, que vous glacez avec du sucre quand elle est cuite.

Crême à la vanille, à la fleur d'orange, au citron, au thé, etc.

Vous faites bouillir votre crême et la retirez du feu pour y mettre infuser, pendant une heure, une des odeurs ci-dessus : vous finissez ces crêmes absolument comme la crême au café.

Crême à l'anglaise.

Vous faites prendre, au bain-marie, une des crêmes ci-dessus, n'importe laquelle ; lorsqu'elle est froide, vous la passez à l'étamine, avec une cuillère de bois, et y incorporez une once de colle de poisson fondue et clarifiée. Vous prenez un moule d'entremets, dans lequel vous mettez cet appareil ; lorsqu'il est froid, vous l'enterrez dans la glace, et au bout d'une heure vous le renversez sur le plat que vous devez servir. Si la crême ne se décolait point, vous tremperiez le moule dans de l'eau chaude pendant deux ou trois secondes.

Crême blanche au naturel.

Prenez une pinte de lait ou chopine de crême et un morceau de sucre, que vous faites bouillir ensemble et réduire à un tiers, et mettez refroidir jusqu'à ce que vous puissiez y souffrir le doigt sans vous brûler. Vous prenez ensuite un peu de pressure que vous délayez avec de l'eau dans une cuillère à bouche ; mêlez-la bien dans la crême, puis passez le tout dans un tamis. Vous prenez le plat que vous devez servir, et le mettez sur de la cendre chaude ; vous versez votre crême dedans, et la couvrez d'un couvercle sur lequel vous mettez aussi de la cendre chaude ; laissez-le ainsi jusqu'à ce que la crême soit prise, puis vous la porterez au frais pour la servir froide.

Crême glacée.

Prenez une casserole où vous mettrez une petite poignée de farine, du citron vert haché très fin, une pincée de fleur d'orange pralinée et pilée, un morceau de sucre; délayez le tout avec huit jaunes d'œufs dont vous mettrez les blancs à part dans une terrine bien propre, et délayez les jaunes avec une chopine de crême, un demi-setier de lait. Faites cuire cette crême sur le feu pendant une demi-heure; quand elle est épaisse, vous la retirez du feu. Vous fouettez les blancs avec un fouet; lorsqu'ils sont bien montés, vous les mêlez dans la crême et mettez cette crême dans le plat que vous devez servir; vous saupoudrez le dessus de sucre, afin que la crême en soit bien couverte. Faites-la cuire au four : qu'il ne soit pas trop chaud; ou sous un couvercle de tourtrière. Quand elle est bien montée et glacée, servez.

Crême fouettée.

Mettez dans une terrine de la crême avec une quantité proportionnelle de sucre en poudre, et un peu de fleur d'orange. Fouettez le tout avec un paquet de brins d'osier sans écorce. Quand ce mélange est bien renflé, vous le laissez un moment; vous l'enlevez ensuite avec une écumoire, et le dressez en pyramide sur votre plat. Ayez soin de garnir le tour de petits filets d'écorce de citron ou d'orange verte confits, et servez.

DES BEIGNETS.

Les beignets se servent pour entremets. On

en fait de plusieurs sortes, et l'art de les varier est presque infini ; mais ceux qu'on admet le plus souvent sur les tables bien servies, sont ceux de pommes. Indépendamment de ceux-ci, nous allons indiquer quelques nouvelles recettes.

Beignets de Pommes et de Pêches.

Prenez des pommes de reinette que vous coupez en quatre quartiers ; ôtez la peau et les pepins ; faites-les mariner deux ou trois heures avec de l'eau-de-vie, du sucre, de l'écorce de citron vert ; de l'eau de fleur d'orage ; quand elles ont bien pris goût, mettez-les égoutter. Vous faites une pâte composée de farine, d'eau tiède, très peu de beurre fondu, du sel, deux jaunes d'œufs, et les blancs fouettés : qu'elle soit un peu épaisse, afin qu'elle enveloppe la pomme ou la pêche ; vous trempez successivement chaque morceau dedans, et faites frire d'une belle couleur. Glacez avec du sucre et la pelle rouge.

Beignets d'Oranges.

Prenez cinq oranges de Portugal, ôtez avec un petit couteau la superficie de l'écorce en les tournant, pour couper à mesure l'écorce de l'épaisseur d'une petite pièce ; coupez les oranges par quartiers pour en ôter les pepins, et mettez-les cuire avec un peu de sucre. Faites une pâte avec du vin blanc, de la farine, une cuillerée de bonne huile, un peu de sel : délayez cette pâte : qu'elle ne soit ni trop claire ni trop épaisse ; mais qu'elle file en la versant avec la cuillère ; trempez vos quartiers d'orange dedans pour les faire cuire dans une friture, jusqu'à ce que la pâte soit de belle couleur: servez-les glacés de sucre fin avec la pelle rouge.

Beignets de Blanc-manger.

Mettez dans une casserole un quarteron de riz, que vous délaierez avec une chopine de lait, quatre onces de sucre et du sel; faites cuire sur la cendre chaude; quand il sera bien épais et bien cuit, ôtez-le du feu, et mettez-y une pincée de citron vert, trois jaunes d'œufs, de la fleur d'orange pralinée et hachée, un peu de sel. Le tout étant mêlé, vous étendez la crême sur un plat fariné, et jetez de la farine dessus; quand elle sera froide, vous la couperez par petits morceaux pour les rouler dans vos mains, de grosseur de moyenne balle; faites-les frire dans une friture bien chaude; lorsqu'ils sont blonds, vous les retirez promptement pour les rouler dans du sucre fin. Vous pouvez encore, lorsque l'appareil est cuit et refroidi, le couper par petits morceaux, et les paner avec de la mie de pain pendant deux fois; la dernière, vous les trempez dans de l'œuf entier.

Beignets de Pâte.

Mettez sur une table un demi-litron de farine, gros comme un œuf de beurre, une bonne pincée de sel, environ un demi-verre d'eau; pétrissez la pâte; ensuite vous l'abattez fort mince, et la coupez avec un coupe-pâte à petits pâtés; mettez sur chaque morceau un peu de crême de frangipane, et recouvrez-le avec un autre morceau de pâte; mouillez les bords et collez-les ensemble, en les pinçant tout autour; faites frire d'une couleur dorée; glacez-les dessus et dessous avec du sucre et la pelle rouge.

Beignets à la Crême.

Mettez dans une casserole un demi-setier de crême, un demi-setier de lait, un peu de sel, une pincée de citron vert haché très fin; faites bouillir et réduire à moitié; ensuite mettez-y trois grandes cuillerées de farine que vous délaierez sur le feu avec de la crême, et tournez-la jusqu'à ce qu'elle soit bien épaisse; ôtez-la du feu pour la mettre sur la table; abattez-la avec le rouleau, jusqu'à ce qu'elle soit mince comme un petit écu; coupez-la en lozange; faites-la frire, et glacez avec du sucre et la pelle rouge.

Charlotte de Pommes.

Coupez quinze pommes en quartiers, et ôtez-en la peau et les pepins. Vous coupez ensuite chaque quartier en lames et les mettez dans une casserole, avec un bon quarteron de beurre, une demi-livre de sucre en poudre et un peu de cannelle. Vous faites cuire vos pommes sur un fourneau très vif, en ayant soin qu'elles ne se mettent pas en marmelade d'abricots, et en ôtez la cannelle. Vous coupez de la mie de pain en tranches très minces. Vous avez un moule de cuivre uni, lequel vous garnissez de cette mie de pain trempée dans le beurre, et vous y versez ensuite vos pommes que vous couvrez encore de mie de pain. Vous faites cuire la charlotte dans la cendre chaude ou dans un four. Lorsque vous êtes persuadé qu'elle a une belle couleur, vous la renversez sur le plat que vous devez servir.

Il est trois choses essentielles en pâtisserie :

1° C'est de bien s'attacher à faire la pâte comme nous l'indiquons ;

2° De savoir, pour la cuisson des viandes, combien il leur faudra de temps pour les faire cuire à la braise, et de ne jamais les laisser qu'une demi-heure de plus dans le four ;

3° De connaître le four dont on se sert, et de savoir le gouverner.

Pour les pièces qui sont longues à cuire, il faut faire chauffer le four long-temps ; on ne risque rien de le faire chauffer plus qu'il n'est nécessaire, pourvu qu'on le laisse abattre de sa chaleur, c'est-à-dire, qu'on n'enfourne qu'une demi-heure après, que le four aura été nettoyé et la porte fermée : par ce moyen, on ne risque pas de brûler sa pâtisserie. Pour les pièces qui ne sont pas longues à cuire, on aura soin de ne pas tenir le four si chaud, principalement pour la pâtisserie de feuilletage, qui cuirait trop promptement et n'aurait pas le temps de monter.

Pâte brisée pour les tourtes.

Sur un quart de farine, on met cinq quarterons de bon beurre, environ une once de sel. On met sa farine sur une table bien propre ; on fait un trou dans le milieu pour y mettre le sel, le beurre en petits morceaux, et de l'eau avec prudence ; on manie bien le beurre avec l'eau, et petit à petit avec la farine ; quand la farine a bu toute l'eau, on pétrit à force de bras ; la pâte ne saurait être trop épaisse, pourvu qu'elle soit bien liée : on aura soin de faire cette pâte au moins deux heures avant de s'en servir, pour qu'elle ait le temps de revenir. C'est avec cette pâte qu'on fait toutes sortes de tourtes pour entrées, comme de viande de boucherie, gibier, volaille, poissons.

Toutes de volailles.

Les tourtes que l'on peut faire de différentes façons, en volaille, sont d'une poularde coupée en quatre, de petits pigeons entiers ou coupés en deux, quand ils sont gros; d'ailerons de dindon. On prend ce qu'on juge à propos, qu'on fait blanchir et qu'on passe au beurre avec de fines herbes assaisonnées de bon goût et un bouquet garni. On met sur sa tourtière un morceau de pâte de l'épaisseur d'un écu, qu'on aura battue avec un rouleau; on place dessus la pâte la viande qu'on a préparée et froide, et dans tous les vides des boulettes de godiveau; on couvre la viande avec des bardes de lard; on met dessus la viande une pareille abaisse qu'on a mise dessous; on mouille avec de l'eau et un doroir les deux endroits qui doivent se toucher, et on les pince tout autour pour qu'ils se collent ensemble; on fait ensuite un bord en tournant autour avec le pouce; on prend un œuf que l'on bat, blanc et jaune, et, avec le doroir ou une plume, on en frotte tout le dessus de la tourte. On la fait cuire au four. Un quart-d'heure après qu'une tourte est au four, il faut l'en sortir et faire un trou au milieu pour laisser évaporer la fumée, qui la ferait fuir; on la remet tout de suite dans le four. Quand elle est cuite, on ôte le dessus, en la coupant tout autour proche le bord; on ôte la graisse qui est dans la

tourte, ainsi que les bardes de lard, et on verse
à la place une sauce d'un bon goût que l'on tient
à cet effet toute prête dans une casserole. Si on
a un ragoût de ris de veau et de champignons,
fini de bon goût, on l'y mettra au lieu de sauce, la tourte n'en sera que meilleure; ensuite
on la recouvre avec son dessus, et on sert. Voilà
la façon qu'on observera pour toutes sortes de
tourtes, soit en gras, soit en maigre; il n'y aura
que les viandes qui seront dedans, leur assaisonnement, le temps de leur cuisson et les sauces
différentes qui en feront le changement : pour ce
qui regarde la pâte, c'est toujours la même ré-
pétition.

Tourtes de gibier.

Le lapin : il faut le couper par membres, lui
casser un peu les os avec le dos du couperet. Si
on veut faire une tourte de lièvre, on en ôte tous
les os et on n'y met que la chair : les os vous ser-
viront pour faire un civet.

La bécasse : pour faire une tourte, on en
prend deux qu'on coupe chacune en quatre; on
hache le dedans et on l'incorpore dans le godiveau ou farce qu'on lui destine.

Les alouettes : il faut leur ôter les pattes, le
cou, et les vider; on fait du dedans une farce
comme de la bécasse.

Après avoir observé pour tous ces gibiers ce
que je viens de dire de chacun en particulier,
ce qui reste à faire pour toutes les tourtes se
trouve à toutes égal. On les met dans la tourtière avec un bouquet de fines herbes, sel, fines
épices, bardes de lard et beurre : on met dessus son abaisse de pâte pour la finir comme les

autres. Quand elles sont cuites et dégraissées, on met dedans une bonne sauce faite avec un bon coulis : en servant, on preese dans la sauce le jus de deux oranges ; si on a à la place de la sauce un bon ragoût, soit de ris de veau et champignons, ou ragoût de truffes coupées par tranches, la tourte n'en sera que meilleure et plus estimée : on y mettra toujours en servant le jus d'un citron, par rapport au gibier, qui veut avoir un peu de piquant.

Tourtes de toutes sortes de farces.

On prend de telle sorte de viande qu'on jugera à propos, comme rouelle de veau, gibier ou volaille : qu'il n'y ait point de petits os ni de filandres, qu'on aura soin d'ôter : il ne faut que d'une viande à la fois ; une bonne demi-livre ou trois quarterons suffisent : il faut la hacher avec des couteaux à hacher, et mettre avec, autant de bonne graisse de bœuf, persil, ciboule et champignons, le tout haché très fin ; on assaisonne de sel fin, un peu d'épices mêlées. Quand le tout est bien mêlé, on y met deux œufs entiers et on le pile dans un mortier, en y mettant de temps en temps quelques gouttes d'eau. On fonce sa tourtière d'une abaisse de pâte, et on la garnit avec des boulettes de cette farce, lesquelles on roule sur une table avec un peu de farine ; on couvre de bardes de lard, et ensuite de pâte, comme les précédentes ; on y met de même un bon coulis ou un ragoût de crêtes, de champignons, de ris de veau, etc.

Tourtes de godiveau.

On passe sur le feu avec du bon beurre, de

la rouelle de veau coupée en dés; après, on la
hache avec de la graisse de bœuf; on y met persil, ciboule, champignons, de la mie de pain
desséchée avec de la crème, du sel, du gros
poivre; on pile la farce et on la lie de jaunes
d'œufs. On roule la farce en saucisses; on la
met dans la tourte avec ris de veau, champignons, truffes, si l'on veut, foies gras : on couvre de bardes et de beurre; en servant, les
bardes ôtées, la tourte dégraissée, on y met une
bonne sauce.

Tourtes de toutes sortes de poissons en gras.

On prépare le poisson et on le coupe suivant
ce qu'il est; on l'arrange sur du lard râpé, et
on suit le procédé pour la tourte de langue de
bœuf. Lorsque le tout est cuit, on met la sauce
ou le ragoût que l'on veut.

Tourtes maigres en poissons.

Prenez tel poisson que vous jugerez à propos; après l'avoir écaillé et coupé par tronçons, foncez une tourtière avec la même pâte,
comme il est dit aux autres; mettez dessus le
poisson avec un bouquet de fines herbes, sel
fin, fines épices, et couvrez tout le poisson
avec du beurre; mettez après votre abaisse de
pâte; finissez la tourte comme il est expliqué
pour les précédentes : une heure et demie
suffit pour la cuisson d'une tourte de poisson.
Quand elles sont cuites et dégraissées comme
les autres, vous mettez dedans un ragoût de
laitances.

Tourte à la Chantilly.

Votre crème double fouettée et mêlée avec

du sucre fin, du citron râpé, de la fleur d'orange, vous la faites prendre à la glace, pour la servir sur une abaisse de pâte d'amandes que vous faites de la manière suivante : Sur une livre d'amandes douce pilées fin, que l'on met dans une poêle sur un feu très doux, on jette trois quarterons de sucre en poudre, que l'on remue avec, jusqu'à ce que la pâte ne colle presque plus au doigt; on l'abat doucement avec le rouleau sur du papier, en y jetant légèrement du sucre mêlé de farine.

Pâte pour les timbales.

Pour faire toutes sortes de timbales, on fait une pâte de cette façon : On met sur une table un litron de farine; on fait un trou dans le milieu pour y mettre un peu d'eau, trois quarterons de beurre, deux jaunes d'œufs et une pincée de sel; on pétrit cette pâte : qu'elle ne soit pas trop ferme, et on la fraise trois fois.

Farce pour toutes sortes de pâtés et timbales.

On a une livre de rouelle de veau, on en ôte les filandres; on la hache avec les couteaux, et on y met deux livres de lard gras épluché, une demi-livre de jambon cuit, sel, poivre, épices et aromates pulvérisés; lorsqu'elle est bien mêlée et bien hachée comme de la chair à saucisse, on la met sur un plat; et on s'en sert à propos.

Manière de faire une timbale.

Prenez de la pâte ci-dessus que vous abattrez avec un rouleau, de l'épaisseur d'un petit écu; beurrez tout l'intérieur d'une petite casserole, et étendez dans le fond et autour votre pâte pour qu'elle prenne bien la forme de la casserole, en ayant l'attention de ne pas la percer; mettez dessus tel ragoût de viande ou de poissons que vous voudrez, pourvu qu'il soit cuit, refroidi et à courte sauce (vous pouvez même déguiser de cette façon toutes sortes de ragoûts qui ont déjà été servis) : couvrez la viande de même pâte, de manière que celle de dessus se rejoigne à celle de dessous; mouillez-en les bords et pincez-les tout autour pour les coller ensemble, comme on fait aux tourtes; faites cuire au four ou à la braise : si c'est de la dernière manière, vous enterrez la casserole dans des cendres chaudes, du feu sur son couvercle. Quand la pâte de votre timbale est cuite, vous la renversez doucement sens dessus dessous dans le plat que vous devez servir; vous faites un trou dans le milieu, de façon à pouvoir remettre le morceau de pâte que vous ôtez, sans qu'il y paraisse, et vous versez dans la timbale une sauce telle que vous jugerez à propos, selon la viande que vous aurez mise dedans.

Pâte brisée pour les pâtés froids.

Vous ferez plus ou moins de pate, suivant ce que vous aurez besoin. Voici sur quoi vous vous réglerez : Prenez un demi-boisseau de farine, deux livres de beurre, un demi-quarteron de sel; mettez cette farine sur la table; faites un trou dans le milieu, pour y mettre le sel fin et le beurre; vous prenez ensuite de l'eau presque bouillante, que vous mettez sur le beurre, et le maniez avec les mains dans cette eau jusqu'à ce qu'il soit tout-à-fait fondu; vous

mêlez ensuite la farine et la pétrissez à tour de
bras jusqu'à ce qu'elle soit bien liée; plus la
pâte est ferme, mieux elle est faite, pourvu
qu'elle soit bien liée; vous laissez reposer cette
pâte pendant trois heures avant que de vous en
servir, et dressez avec tel pâté de viande que
vous jugerez à propos.

Manière de faire des pâtés de toutes viandes.

Les rouelles de veau, les gigots de mouton,
les perdrix, les bécasses, les filets de lièvre, les
poulardes, les chapons, les dindons désossés,
garnis de veau, font d'excellens pâtés.

Dans tous les pâtés, quelle qu'en soit la
viande, si on veut les garnir de rouelle de
veau, ils n'en seront que meilleurs.

Lorsque les perdrix, bécasses, chapons, poulardes, soit vidés, on leur trousse les pattes
dans le corps, et on leur casse un peu les os
avec le dos du couperet; on les fait revenir sur
la braise après les avoir essuyés et épluchés;
ensuite on les larde partout avec du gros lard
manié dans le sel fin, fines épices mêlées, persil et ciboules hachés. On fait la même chose
pour le veau et le mouton, à la réserve qu'on
ne les fait point revenir sur la braise. Quand
la viande est bien préparée, on coupe suffisamment de bandes de lard pour couvrir toute
sa viande.

On prend moitié de la pâte nécessaire pour
son pâté, que l'on arrondit avec les mains en
la roulant sur la table. C'est ce qu'on appelle
mouler la pâte. On l'abat ensuite avec le rouleau, jusqu'à ce qu'elle soit de l'épaisseur d'un
demi-doigt; on met cette pâte sur une feuille

de papier beurrée, et dessus la pâte la viande bien serrée, que l'on assaisonne de sel fin et fines épices, et que l'on couvre de bardes de lard avec beaucoup de beurre par-dessus; on couronne la viande avec une abaisse de pâte aussi épaisse que celle de dessous; on mouille avec un doroir les parties de la pâte qui doivent se rejoindre, afin qu'elles se collent ensemble; on appuie partout les doigts pour les unir; on reprend après le doroir, que l'on trempe dans l'eau pour mouiller tout le dessus du pâté; on relève ensuite la pâte qui déborde pour la faire monter le long du pâté; on l'unit promptement sans trop appuyer, de crainte de percer la pâte.

Quand le pâté est bien façonné, on fait un trou au milieu du dessus, de la largeur du pouce; on fait une cheminée de pâte, où on met une carte roulée, de peur que le trou ne se referme en cuisant; on dore ensuite partout la pâte par deux fois, avec un œuf battu, blanc et jaune, pour l'enjoliver : un moment avant que de le mettre au four, on mettra par la cheminée du pâté deux cuillerées d'eau-de-vie, cela lui donnera un bon goût.

Il faut laisser le pâté au four au moins quatre heures, ce que l'on juge au reste d'après sa grosseur. Quand il est cuit, on le met dans un endroit pour le faire refroidir, et on bouche sa cheminée avec un morceau de pâte crue, jusqu'à ce qu'on le serve.

De la pâte feuilletée.

Prenez un litron de farine, mettez-le sur la table, avec un peu de sel et d'eau, ce que la fa-

rine en peut boire ; pétrissez un moment la farine avec l'eau ; que cette pâte ne soit ni trop
molle, ni trop épaisse, laissez-la reposer avant
que de vous en servir ; vous prenez ensuite
presque autant de beurre que de pâte, puis
abattez la pâte avec le rouleau, mettez le beurre
dans le milieu, et donnez cinq tours en été et
six en hiver : on appelle tour la pâte abattue
avec le rouleau, jusqu'à ce qu'elle soit de l'é-
paisseur d'un demi-doigt, en jetant, de temps
en temps, et légèrement un peu de farine.
Quand chaque tour est fini, vous repliez la pâte
en trois et recommencez chaque tour jusqu'à
finissement. Vous vous servez de cette pâte pour
faire toutes sortes de tourtes, des petits pâtés
et des gâteaux feuilletés.

Petits pâtés friands.

Vous prenez un peu de rouelle de veau et autant de moëlle de bœuf que vous hachez bien
ensemble : vous y mettez persil, ciboules et
champignons, le tout haché, deux œufs entiers,
sel, poivre ; vous délayez cette farce avec un
demi-setier de crême, et goûtez si elle est de
bon goût. Vous prenez ensuite des moules à petits pâtés, pour y mettre de petites abaisses de
pâte feuilletée, de l'épaisseur d'un petit écu ;
vous mettez cette farce sur la pâte et couvrez
d'une abaisse de pâte ; vous les dorez et les
faites cuire au four. Pendant qu'ils cuisent, vous
prenez du blanc de volaille cuite à la broche,
que vous hachez très fin ; vous mettez dans une
casserole environ une chopine de bon bouillon,
un petit bouquet de fines herbes, un peu de
beurre ; vous faites réduire le bouillon au

quart, vous ôtez le bouquet, et mettez le blanc de volaille haché et un peu de sel ; vous faites chauffer sans bouillir, et mettez une liaison de trois jaunes d'œufs avec de la crême ; vous faites lier sur le feu et mettez après un jus de citron. Vos petits pâtés étant retirés du four, vous levez le dessus de chacun, pour en ôter la viande, et, à la place, vous mettez votre ragoût de blanc de poulets, une cuillerée à chaque ; vous remettez ensuite les couvercles et servez les petits pâtés le plus chaudement que vous pouvez.

Gâteau d'amandes.

Mettez sur une table un litron de farine : faites un trou dans le milieu, pour y mettre gros comme la moitié d'un œuf de beurre, quatre œufs, blancs et jaunes, une pincée de sel, un quarteron de sucre fin, six onces d'amandes douces pillées très fin ; pétrissez le tout ensemble et formez-en un gâteau à l'ordinaire : faites-le cuire, et glacez-le avec du sucre et la pelle rouge.

Gâteau en losange.

Faites une pâte de feuilletage comme celle expliquée ci-devant ; abattez-la avec le rouleau de l'épaisseur d'un demi-doigt ; coupez-la en losange, de la largeur de deux doigts ; dorez le dessus des gâteaux avec de l'œuf battu ; faites-les cuire un bon quart-d'heure au four ; ensuite vous les glacez avec du sucre.

Gâteau de Savoie.

Prenez une livre de sucre, six onces de fécule de pommes de terre, deux onces de farine de froment cuite au four, et deux œufs : mettez la livre de sucre dans une terrine, avec les jaunes d'œufs : les blancs à part dans un bassin de cuivre non étamé : battez bien l'appareil avec deux spatules , et incorporez-y l'odeur que vous jugez à propos : joignez-y la fécule, la farine et les blancs d'œufs fouettés, et mêlez-les légèrement avec l'appareil : que la pâte ne soit pas trop maniée, mais qu'elle le soit assez. Ayez un moule bien nettoyé et beurré avec du beurre clarifié : glacez-le avec du sucre mêlé de farine, puis remplissez le moule avec la pâte, et faites-le cuire au four modérément chaud. Quoiqu'il brunisse sur le dessus, on ne doit rien craindre pour le dedans. De la même pâte on fait des biscuits en moules de différentes grosseurs.

Gâteau à la créme.

Mettez sur une table un litron de farine : faites un trou dans le milieu pour y mettre un demi-setier de crême double, une bonne pincée de sel; pétrissez légèrement la pâte, laissez-la reposer une demi-heure; ensuite vous mettez une bonne demi-livre de beurre dans la pâte; abattez-la cinq fois comme une pâte à feuilletage, ensuite vous en formez un gâteau ou plusieurs petits; dorez-les avec de l'œuf battu et faites cuire au four : vous vous réglerez sur cette dose pour faire la quantité de gâteaux que vous voudrez.

Gâteau à la royale.

On met dans une casserole une pincée de citron vert haché, deux onces de sucre, un peu de sel, gros comme la moitié d'un œuf de beurre, un bon verre d'eau ; on fait bouillir un moment, et on y ajoute quatre ou cinq cuillerées

de farine; on fait dessécher sur le feu, en remuant toujours, jusqu'à ce que la pâte soit bien
épaisse, et qu'elle commence à s'attacher à la
casserole : on l'ôte du feu, et on y met un œuf
à la fois, en remuant fort avec la cuillère, jusqu'à ce qu'il soit bien mêlé avec la pâte : on
continue d'y mettre des œufs un à un de cette
façon, jusqu'à ce que la pâte soit molle, sans
être liquide : ensuite on mettra un peu de fleur
d'orange pralinée et deux biscuits d'amandes
amères, le tout pilé bien fin : on dresse les petits gâteaux de la grosseur de la moitié d'un œuf
sur du papier beurré : on dore le dessus avec
de l'œuf battu, et on fait cuire une demi-heure
au four d'une chaleur douce.

Gâteau de brioche.

On met un litron de farine sur une table, et
on la pétrit avec un peu d'eau chaude et un peu
plus de demi-once de levure de bierre : si l'on
n'en a point, on y met à la place un petit morceau de levure de pain : on enveloppe cette
pâte dans un linge, et on la met revenir dans
un endroit chaud pendant un quart-d'heure
l'été, et une heure en hiver : ensuite on met
deux litrons de farine sur une table, avec la
pâte que l'on a faite en levain, une livre et demie de beurre, dix œufs, un demi-verre d'eau,
près d'une once de sel fin; on pétrit le tout ensemble avec le plat des mains, jusqu'à trois fois :
on le saupoudre de farine, et on l'enveloppe
d'une nappe pour le laisser revenir neuf ou dix
heures : on coupe cette pâte, suivant la grosseur des gâteaux de brioche que l'on veut faire :
on les mouille en les arrondissant avec les mains :

on aplatit un peu le dessus : on dore avec de l'œuf battu, et on les met cuire au four; les petits une demi-heure, et les gros une heure et demie.

Gâteau de riz.

On met dans une petite marmite un peu plus d'un quarteron de riz bien lavé : on le fait crever sur le feu avec un verre d'eau, et ensuite de bon lait, jusqu'à ce qu'il soit bien cuit et épais : on le laisse refroidir : on fait une pâte avec un litron de farine, du sel, quatre œufs, une demi-livre de beurre et le riz : on pétrit le tout ensemble et on en forme un gâteau, on le dore avec de l'œuf battu, et on le fait cuire au four pendant une heure, ou dessous un couvercle de tourtière : on a soin de beurrer le papier qu'on met dessous le gâteau.

Tartelettes.

On fait une pâte à feuilletage comme il est marqué ci-devant : on l'abat de l'épaisseur d'un petit écu, et on en coupe de petites abaisses avec un coupe-pâte : on les met sur des moules à petits pâtés, et sur la pâte une petite cuillerée de crème de frangipane, comme celle qui est marquée ci-devant, ou bien des confitures telles qu'on voudra, pourvu que ce ne soit pas de la gelée : on couvre avec quelques bandes de pâte : on fait cuire une demi-heure au four, et on glace avec du sucre et la pelle rouge.

Darioles.

Prenez douze moules à darioles, beurrez-les et foncez-les avec du feuilletage le plus mince possible. Vous faites l'appareil de la manière suivante : Mettez dans une casserole la grosseur d'un œuf de farine, que vous délayez avec cinq jaunes d'œufs, six mesures de crème, pareilles aux moules que vous avez garnis de pâte, une idée de sel, six onces de sucre, fleur d'orange pralinée et macaron écrasé. Mettez dans chaque moule gros comme une noisette de beurre et de l'appareil ainsi composé : prenez bien garde qu'ils ne soient trop pleins, cela ferait un très mauvais effet : mettez-les à peu près aux trois quarts. Faites cuire vos darioles dans un four d'une moyenne chaleur, et, au bout d'une demi-heure, lorsque vous jugerez qu'elles peuvent être cuites, vous les retirez du moule et les mettez sur le plat que vous devez servir : saupoudrez-les de sucre.

Timbales de biscuits.

Prenez six œufs et autant pesant de sucre fin, et la pesanteur de trois œufs de farine, ce qui vous fournira pour faire six timbales de la grosseur d'un bon verre chacune, qui vous feront un bon plat d'entremets : pour les faire, vous observerez la même façon que pour le gâteau de Savoie, à cette différence qu'il ne faut qu'une demi-heure pour la cuisson et le four un peu plus doux.

Croquantes.

Mettez sur une table un demi-litron de farine avec un quarteron de sucre fin, un blanc d'œuf, une demi-cuillerée d'eau de fleur d'orange, gros comme la moitié d'un œuf de beurre, un demi-verre d'eau, une petite pincée de sel : pétrissez le tout ensemble pour en faire une pâte bien liée et ferme ; abattez-la très mince et coupez-en de petites abaisses que vous mettez sur des moules à petits pâtés : faites-les cuire un quart-d'heure dans un four très doux ; quand elles sont froides, vous mettez légèrement dessus de la gelée de groseille ou d'autres confitures. Cette même pâte sert pour faire des croquantes découpées, à cette différence que vous y mettez plus de blanc d'œuf et moins d'eau.

Feuillantines.

On fait une pâte en feuillage comme il est marqué ci-devant : on abat une abaisse de la grandeur d'une tourte et de l'épaisseur d'un petit écu : on la met sur une tourtière et de la crême à frangipane dessus : on la couvre d'une autre abaisse découpée et à jour : on les colle ensemble en appuyant sur les bords que l'on dore avec un œuf battu, et on fait cuire au four pendant une heure. On en fait de petites, un peu plus grandes que des tartelles, de la même façon.

Gâteau à la Brie.

On pétrit du fromage de Brie bien gras, avec un litron et demi de farine, trois quarterons de beurre, très peu de sel : on met cinq ou six œufs pour délayer la pâte : quand elle est bien pétrie, on la mouille pour la laisser reposer une heure ; ensuite on forme le gâteau à l'ordinaire pour le faire cuire.

Talmouses.

Vous mettez dans une casserole un poisson de crême, un demi-quarteron de beurre, un peu de sel ; quand la crême bout, ajoutez-y deux cuillerées de farine que vous délayez bien, jusqu'à ce que votre pâte soit ferme ; ôtez-la de dessus le feu et délayez dans autant d'œufs que la pâte en peut boire sans être liquide; vous y mettrez ensuite un fromage à la crême bien égoutté et fait du jour, que vous délayez avec votre pâte : vous prenez ensuite des moules à petits pâtés, et y mettez une abaisse de feuilletage de la même pâte que celle à petits pâtés, de façon qu'elle déborde en quatre coins; vous coucherez dessus votre pâte à fromage de la grosseur d'un petit œuf, et l'envelopperez avec les quatre coins du feuilletage; dorez avec l'œuf battu; faites cuire au four et à feu doux; quand les talmouses sont cuites et de belle couleur, servez chaudement pour entremets.

Meringues.

On prend six blancs d'œufs, trois onces de sucre en poudre et la râpure d'un citron; on fouette les blancs d'œufs jusqu'à ce qu'ils soient en neige; on y ajoute le sucre et la râpure du citron, et on remue le mélange jusqu'à ce qu'il soit entièrement liquide; on met de cette pâte sur des feuilles de papier, en forme de meringues; rondes ou ovales, de la grosseur d'une noix; on laisse au milieu un vide, on les saupoudre et on les fait cuire; lorsquelles ont pris de la couleur, on les retire du four, pour mettre dans le milieu un fruit, comme cerise, framboise, verjus, etc., et on couvre la meringue pleine avec une autre.

Gâteaux fourrés.

On prend de la pâte à feuilletage; on en forme deux gâteaux égaux, de la grandeur du plat d'entremets et de l'épaisseur de deux écus chacun; on met sur le premier des confitures, en laissant un doigt de bord , que l'on mouille avec un doroir trempé dans l'eau ; on met le second gâteau sur le premier , et on les colle bien ensemble avec les doigts en les maniant tout autour ; après les avoir un peu façonnés , on les dore avec de l'œuf battu , et on les fait cuire au four. Cuits et sortant du four, on passe dessus un doroir trempé dans du beurre et on jette partout de la petite nompareille. Une autre fois , pour changer, à la place de nompareille on mettra du sucre fin, et on passera la pelle rouge par-dessus pour les glacer.

Tourtes de confiture pour l'hiver.

On prend de telle confiture qu'on juge à propos , comme marmelade d'abricots, de pommes, confitures de cerises , de verjus, etc. (ce sera la confiture qui donnera le nom à la tourte. On met au fond d'une tourtière de la pâte feuilletée , et sur la pâte la confiture destinée pour la tourte, en y laissant un bord d'un pouce, que l'on mouille avec des plumes trempées dans de l'eau ; on couvre tout le dessus de la confiture de petites bardes de pâte arrangées en dessin , et on fait un bord de pâte à la tourte; alors on la place dans le four : il ne faut qu'une heure au plus pour la cuisson. Quand elle sera cuite, on la saupoudrera de sucre fin, et on passera la pelle rouge par-dessus pour la glacer.

On fait aussi des tourtes de même façon avec des restes de compotes qui ne sont point en état d'être resservies, pourvu qu'elles ne soient pas aigres , on mêle tous ces restes ensemble comme une marmelade, et on sert comme des confitures.

Tourtes à la gelée.

Les tourtes à la gelée se font différemment que celles aux confitures, parce que la chaleur faisant fondre la gelée, les tourtes auraient fort mauvaise façon. Pour éviter cet inconvénient, on met de la pâte feuilletée dans le fond d'une tourtière ; on y fait un bord de pâte comme aux autres, et on la place au four sans aucune façon ; quand la pâte est cuite, on saupoudre les bords de sucre fin et on glace avec la pelle rouge. Aussitôt que la tourte est refroidie, on en couvre tout le fond jusqu'au bord avec la gelée qu'on a envie d'y mettre. On sert ces tourtes pour entremets.

Les gelées dont on peut se servir sont celles de groseilles, de framboises, de pommes, de coings, de cerises.

Tourtes de confiture pour l'été.

Elles se font avec des fruits nouveaux à mesure que la nature nous les produit. La manière de les travailler se trouvera ci-après, dans le *Traité de l'office* : ce sera l'article des *Compotes* qu'il faudra suivre ; la seule différence est que l'on fera le sirop plus court et plus fort.

Si ce sont des fruits à noyaux ou à pelure, on aura soin de les ôter.

Les compotes refroidies, on façonnera les tourtes et on les servira comme celles d'hiver.

FRANGIPANE.

Mettez dans une casserole un demi-litron de fine fleur de farine, délayez-la avec un demi-quarteron d'œufs, versez-y une pinte de lait, un demi-quarteron de beurre et un peu de sel ;

mettez ce mélange sur le feu, tournez la frangipane sans cesse, jusqu'à ce qu'elle ait bouilli un petit quart-d'heure : ayez soin qu'elle ne s'attache pas. Quand vous jugerez qu'elle est assez cuite, vous la mettrez refroidir. Ecrasez une dixaine d'amandes douces, deux amandes amères et trois ou quatre macarons: ajoutez-y un peu de fleur d'orange pulvérisée et sucrez bien avec du sucre en poudre ; remuez ce mélange avec une cuillère de bois ; ensuite vous faites votre frangipane plus ou moins épaisse selon la quantité d'œufs qu'il vous convient d'y ajouter.

Quand on veut faire de la frangipane aux pistaches, on remplace les amandes douces par des pistaches auxquelles on joint quelques amandes amères, et on s'abstient d'y mettre de la fleur d'orange.

Si l'on veut lui donner une belle couleur, verte, on y mêle un peu de vert d'épinards.

DE L'OFFICE.

Choix du sucre.

Il faut choisir, pour le sucre qu'on veut employer, parmi le plus beau et le plus blanc, et avoir soin de le prendre dur, léger et d'une douceur agréable ; il en est moins difficile à clarifier. La cassonnade revient à aussi cher que le sucre par le déchet qu'elle occasione ; la crasse qui s'y trouve en plus grande abondance, exigeant de la mouiller davantage pour la bien clarifier.

De la clarification et de la cuisson du sucre.

On observe d'abord, comme règle générale,

qu'il faut environ une demi-bouteille d'eau de fontaine ou de rivière et environ le quart d'un blanc d'œuf bien battu pour chaque livre de sucre qu'on se propose de clarifier. Pour mieux nous faire entendre, nous allons établir une dose fixe de sucre, et suivre le procédé dans toutes ses parties.

Clarification du sucre.

Commencez par prendre quatre livres de sucre que vous casserez par morceaux ; prenez ensuite une poêle à confitures dans laquelle vous mettrez un blanc d'œuf ; délayez ce blanc d'œuf avec un verre d'eau, ayant soin de bien fouetter le mélange avec un petit balai d'osier ou de bouleau ; ajoutez peu à peu deux bouteilles d'eau, en fouettant bien le tout, chaque fois que vous mettez de l'eau. Quand vous aurez achevé de bien incorporer la totalité de votre eau avec le blanc d'œuf, et que tout le mélange sera bien en mousse, vous y jetterez vos quatre livres de sucre, et vous mettrez votre poêle sur le feu, en ayant soin de lever l'écume qui ne manquera pas de paraître lorsqu'il viendra à bouillir. Après quelques bouillons, le sucre s'élèvera au point de dépasser les bords de la poêle : pour empêcher qu'il ne se répande au dehors, il faudra l'abattre en y versant un peu d'eau froide, ce qui vous donnera le temps de l'écumer. Il ne faut jamais prendre l'écume quand le sucre bouillonne ; il faut attendre qu'il monte, l'abattre alors avec un verre d'eau, cela le tranquillisera, et c'est dans ce moment qu'il faut l'écumer. Continuez toujours à ajouter trois ou quatre fois de l'eau et à l'écumer, jusqu'à ce

qu'ils ne fassent plus qu'une petite écume légère
et blanchâtre; retirez alors la poéle du feu;
prenez une serviette que vous mouillerez légèrement; vous l'étendrez sur une terrine bien
propre, et vous passerez le sucre qui se trouvera parfaitement clarifié.

Cuisson du sucre.

Après la clarification du sucre, il faudra lui
donner le degré de cuisson relatif à l'objet que
vous vous proposez. Les artistes en ont établi six
par lesquels ils règlent toutes leurs opérations.
Quand ils veulent exprimer ces différens degrés
de cuisson, ils disent cuire le sucre *au lissé, au
perlé, au soufflé, à la plume, au cassé, au
caramel.*

Sucre au lissé.

On connaît que le sucre est au lissé, lorsqu'après en avoir reçu une goutte sur le pouce,
et y avoir joint le doigt index, on le sépare
tout-à-coup : s'il fait un petit filet d'un doigt à
l'autre, qui se rompt sur-le-champ, vous pouvez être sûr que votre sucre est bien lissé : si
le filet est presque imperceptible, le sucre n'est
cuit qu'au *petit lissé.* Il ne faut pas s'aviser,
pour faire cette épreuve, de tremper son doigt
dans la sucre bouillant, il suffira de tremper
l'écumoire dans la poêle, en l'élevant au-dessus
vous recevrez la goutte du sucre qui coulera du
bord sur votre pouce, qui suffit pour faire cet essai.

Sucre au perlé.

Votre sucre ayant jeté quelques bouillons de
plus, vous réitérez le même essai : si, en sépa-
rant vos deux doigts, le filet qui se forme s'é-
tend un peu sans se rompre, le sucre est censé

cuit au *petit perlé*, et on appelle *grand perlé* le sucre cuit au point de pouvoir s'étendre entièrement sans se rompre, quoique les deux doigts soient séparés l'un de l'autre autant qu'ils peuvent l'être. On connaît encore ce degré de cuisson à la figure du bouillon : il forme alors plusieurs perles rondes qui paraissent rouler les unes sur les autres.

Sucre au soufflé.

Après quelques bouillons encore, trempez votre écumoire dans le sucre; ensuite, en la prenant à la main, et l'ayant un peu déchargée, en frappant sur le bord de la poêle, soufflez à travers des trous, en allant et revenant d'un côté à l'autre; s'il en sort comme une sorte de bouteille, votre sucre sera au degré que l'on nomme *au soufflé*.

Sucre à la plume.

Si vous laissez cuire votre sucre jusqu'à ce que vous aperceviez, au lieu des perles dont nous avons parlé plus haut, des espèces de bouteilles, qui, après s'être élevées, crèvent tout de suite, et laissent échapper beaucoup de fumée, vous pouvez établir que votre sucre est bien près d'être *à la plume*. Passez alors votre écumoire par le milieu de la poêle : retirez-la, en la secouant fortement en l'air, vous apercevrez votre sucre sous la forme de filasse volante; il sera pour lors *à la grande plume*.

Sucre au cassé.

Pour connaître si votre sucre est au cassé, il faut prendre un verre plein d'eau fraîche : vous y tremperez le bout de votre doigt que vous plongerez dans le sucre bouillant : vous aurez soin de le retirer bien vite, pour le plonger dans un verre d'eau froide ; si pour lors, en froissant le sucre entre vos doigts, le sucre adhérent se casse en faisant un petit bruit, il sera *au cassé.*

Sucre au caramel.

Le sucre cuit au cassé s'attache toujours comme de la poix lorsqu'on en met entre les dents : pour être au degré qu'on nomme *caramel*, il faut qu'il se casse net sous la dent, sans s'y attacher. Ce degré n'est pas facile à saisir : car, pour peu que vous manquiez le point requis, votre sucre est sujet à se brûler, et n'est plus bon à rien. Il faudra donc être attentif et répéter souvent l'essai sous la dent : dès que le sucre commencera à ne plus s'attacher, il sera *au caramel.*

Observation sur la cuisson du sucre.

Il est essentiel d'observer qu'il ne faut jamais laisser l'écumoire dans la poêle au sucre après la clarification, ni après que toute l'écume sera prise, et de ne pas remuer le sucre, parce qu'il mourrait, c'est-à-dire qu'il diminuerait sensiblement. Il faut encore remarquer que le sucre que l'on cuit, surtout au *cassé* et au *caramel*, monte et remonte toujours, et que, chaque fois qu'il redescend, il laisse sa trace sur les bords de la poêle. Or, la chaleur ferait bientôt brûler le sucre adhérent aux côtés et aux bords de la poêle, et par-là gâterait toute la masse du sucre, au point de n'être plus bon à rien, si l'on n'y apportait remède. Pour éviter cet accident, il faudra donc avoir à côté de vous une terrine remplie d'eau froide, avec une éponge, et laver très proprement chaque fois que le sucre sera tombé, les côtés intérieurs de la poêle.

Votre sucre préparé de l'une des manières ci-dessus indiquées, vous vous en servez pour les choses que vous voulez faire.

DES COMPOTES.

Compote de pommes en gelée.

Prenez de belles pommes de reinette, coupez-les en deux, pelez-les, et ôtez-en les cœurs, jetez-les à mesure dans de l'eau fraîche : coupez-en une couple par petits morceaux : mettez-les toutes dans du sucre clarifié, avec un verre d'eau : lorsqu'elles seront cuites, dressez-les dans un compotier : laissez réduire le sirop en gelée : passez cette gelée dans une étamine sur une assiette d'argent : laissez-la refroidir et prendre : lorsqu'elle sera prise, vous glisserez soigneusement votre gelée sur votre compote.

Compote de pommes à la portugaise.

Prenez des pommes, coupez-les en deux, pelez-les et ôtez-en les cœurs : mettez-les dans un compotier d'argent, garni dans le fond de sucre clarifié : couvrez votre fruit de sucre en poudre : faites cuire cette compote au four, et quand elle aura une belle couleur, servez-la toute chaude.

Compote de pommes avec la peau.

Prenez de belles pommes de reinette, coupez-les en deux, ôtez-en le cœur et les yeux, mettez-les à mesure dans de l'eau fraîche, en piquant la peau avec la pointe d'un couteau :

retirez-les de l'eau : mettez-les dans une poêle avec du sucre clarifié : faites-les cuire à petit feu, jusqu'à ce qu'elles soient bien mollettes : et dressez-les dans des compotiers : versez le sirop sur le fruit en le passant à travers un tamis.

Compote de poires à la bonne femme.

On prend ordinairement des poires de messire-Jean pour faire cette compote. On nettoie la queue et on leur ôte l'œil; on les lave bien et on les fait égoutter : ensuite on les met dans une poêle avec du sucre, un morceau de cannelle, deux ou trois clous de girofle, du vin rouge et un peu d'eau : on les laisse cuire à petit feu, en ayant soin de les écumer : quand elles sont cuites, elles se rident, et c'est ce qui les a fait nommer *poires à la bonne femme.*

On fait encore avec les poires de messire-Jean une compote qui a la couleur rouge. On les pèle et on les met dans un pot bien vernissé, avec un verre de vin, un peu de cannelle, du sucre convenablement, et un peu d'eau : on met dans le pot une cuillère d'étain : on bouche bien le pot, et on les met cuire doucement sur de la cendre chaude; étant cuites, elles sont du plus beau rouge.

Les poires de martin-sec peuvent remplacer celles de messire-Jean.

Compote de poires de bon-chrétien.

Prenez de belles poires de bon-chrétien, coupez-les en deux, et mettez-les blanchir dans de l'eau bouillante : quand elles seront mollettes, vous les retirerez dans de l'eau fraîche dans laquelle vous aurez mis le jus d'un citron : faites bouillir du sucre clarifié, mettez-y les poires bien égouttées, et faites leur jeter plusieurs bouillons, jusqu'à ce qu'elles soient bien cuites : écumez-les, et dressez-les dans des compotiers.

Si vous voulez qu'elles soient rouges, mettez-y un peu de vin de Bourgogne et de la cochenille préparée.

Les poires de doyenné, de virgouleuse, de saint-germain et autres se mettent en compote de même façon.

Compote de poires d'été.

Piquez à l'œil des poires de rousselet, blanquette, etc. : faites-les blanchir jusqu'à ce qu'elles deviennent un peu mollettes : mettez-les dans de l'eau fraîche : pelez-les et remettez-les à mesure dans de l'eau fraîche : égouttes-les. Faites cuire au lissé du sucre clarifié, ajoutez-y un peu de zeste d'orange ou de citron : faites-y frémir les poires pour leur laisser jeter l'eau qu'elles renferment : écumez-les promptement, attendez qu'elles soient cuites pour les ôter du feu : quand elles seront refroidies, vous les dresserez dans les compotiers.

Compote de poires ou de pêches grillées.

Jetez des poires de bon-chrétien sur un fourneau bien ardent, faites-en griller la peau : lorsqu'elle sera grillée, jetez-les dans de l'eau fraîche, nettoyez-les bien, mettez-les dans une poêle avec du sucre clarifié, un peu d'eau et un peu de cannelle, et laissez-les cuire : ensuite dressez-les dans un compotier.

Les pêches qui ne sont pas mûres se font cuire de même.

Compote de verjus.

Prenez du verjus le plus gros et le plus beau : fendez-le de côté, ôtez-en les pepins avec le bec d'une plume, et mettez-le à mesure dans de l'eau fraîche. Faites bouillir de l'eau dans une poêle, et, après avoir égoutté le verjus, vous le jetterez dans de l'eau bouillante : quand il sera monté sur l'eau, vous l'ôterez de dessus le feu, vous le couvrirez, et le laisserez refroidir. Mettez-le égoutter : mêlez-le dans du sucre clarifié : faites-lui jeter un ou deux bouillons : ôtez-le de dessus le feu, écumez-le, et dressez-le dans des compotiers.

Compote de cerises.

Prenez de belles cerises, coupez leur la moitié de la queue, jetez-les dans de l'eau fraîche, égouttez-les, et faites cuire du sucre clarifié au perlé : mettez-y vos cerises, et faites leur jeter cinq ou six bouillons à grand feu pour leur conserver la couleur. Otes-les du feu, remuez-les avec la poêle, écumez-les, laissez-les refroidir, et dressez-les dans des compotiers.

Compote de framboises.

Prenez de belles framboises, bien entières, épluchez-les bien, et mettez-les dans de l'eau fraîche : faites cuire du sucre clarifié à la plume : jetez-y les framboises bien égouttées : ôtez la poêle de dessus le feu, et laissez-les reposer. Peu de temps après vous remuez doucement les framboises : vous leur faites jeter un petit bouillon, et les mettez dans les compotiers.

Compotes de groseilles rouges et blanches.

Prenez de belles groseilles, égrenez-les et

mettez-les dans de l'eau fraîche : égouttez-les sur un tamis, et finissez-les de la même manière que les framboises.

Compote de fraises.

Prenez de belles fraises, bien épluchées et bien lavées, mettez-les dans un compotier, et jetez par-dessus une gelée de groseilles toute bouillante.

Compote d'abricots verts et d'amandes vertes.

Prenez des abricots verts, passez-les à la lessive indiquée pour la marmelade : lavez-les bien, percez les par le milieu avec une épingle, et jetez-les dans de l'eau fraîche. Faites bouillir de l'eau : mettez-les dedans pour les faire blanchir. Quand ils fléchiront sous le doigt, vous les retirerez du feu, et les couvrirez d'un linge pour les faire reverdir : ensuite vous les mettrez dans de l'eau fraîche, et les égoutterez sur un tamis. Vous ferez bouillir du sucre clarifié, vous y mettrez vos abricots, et leur ferez jeter un bouillon couvert. Vous les retirerez du feu et les laisserez dans le sucre pendant une heure ou deux, puis vous les égoutterez et ferez cuire votre sucre un peu plus fort : vous y ajouterez le zeste et le jus d'une orange. Vous y mettrez vos abricots, et leur ferez jeter un bouillon couvert : vous les mettrez dans une terrine, et lorsqu'ils seront froids vous les placerez dans des compotiers, et passerez votre sirop à travers un linge blanc au-dessus du compotier.

Les compotes d'amandes vertes se font de la même manière que celle d'abricots verts.

Compote d'abricots mûrs.

Enlevez la peau de vos abricots, ôtez en les noyaux, passez-les sur le feu comme ceux que l'on veut confire; lorsqu'ils sont mollets, retirez-les du feu, et mettez-les dans de l'eau fraîche; faites-les égoutter, et jetez-les dans du sucre clarifié cuit à la nappe; faites-les frissonner, écumez-les bien, et dressez-les dans le compotier.

Compotes de pêches.

Les compotes de pêches se font de même que celles d'abricots mûrs.

Compote d'abricots ou de pêches à la portugaise.

Ayez une douzaine d'abricots mûrs, fendez-les en deux, ôsez-en les noyaux; arrangez-les sur une assiette d'argent; mettez-y du sucre clarifié avec un peu d'eau : placez-les sur le fourneau et ne les couvrez pas; quand ils seront cuits, vous ôterez le fruit de dessus le feu, vous la saupoudrerez de sucre, et mettrez le couvercle d'une tourtière avec un bon feu dessus pour lui donner une belle couleur.

Vous ferez les pêches de même:

Compotes de prunes de reine-claude, mirabelles ou autres.

Faites bouillir de l'eau et jetez-y vos prunes pour les faire blanchir; quand elles seront bien mollettes sous les doigts, vous les retirerez avec une écumoire et les mettrez dans de l'eau fraîche; vous les égoutterez, puis les mettrez dans la poêle avec un peu de sucre clarifié, et leur ferez jeter deux ou trois bouillons; vous les

verserez ensuite dans une terrine , et les laisserez refroidir ; vous les garderez dans le sucre
pendant une journée, puis vous leur donnerez
un second bouillon, et les dresserez dans votre
compotier.

Compote de prunes à la bonne femme.

Faites clarifier un quarteron de sucre avec
un verre d'eau blanche ; quand il est en sirop,
mettez-y une livre de prunes presque mûrs ;
faites faire quelques bouillons jusqu'à ce que
les prunes soient cuites; ôtez l'écume, et dressez-
les dans le compotier; si le sirop est trop
long, faites-le réduire avant que de le verser
sur les prunes.

Compote de coings blancs et rouges.

Prenez de beaux coings et coupez-les par
quartiers; pelez-les et ôtez-en le cœur; jetez-
les à mesure dans de l'eau fraîche ; faites-les
blanchir, et quand ils seront mollets , vous les
retirerez dans de l'eau fraîche; égouttez-les, et
mettez-les dans du sucre clarifié cuit au petit
lissé; faites-leur jeter quelques légers bouillons;
égouttez-les et placez-les dans des compotiers;
faites cuire le sirop à la nappe, en y ajoutant
un peu de cannelle et de girofle; passez-le et versez-le sur les coings,

Compote de raisins.

Mettez dans une poêle un quarteron de sucre
avec un demi-verre d'eau ; faites-le bouillir,
écumer et réduire en sirop fort; mettez dans ce
sirop une livre de raisin muscat égrené, et dont
vous aurez fait sortir les pepins; faites-lui faire
deux ou trois bouillons, et dressez-le dans le

compotier : s'il y a de l'écume , enlevez-la avec du papier blanc.

Compotes d'orange crues.

Coupez le dessus à six oranges de portugal, de façon que vous puissiez le remettre comme si elles étaient entières ; enfoncez un petit couteau en plusieurs endroits de la chair; faites-y entrer du sucre fin ; remettez les couvercles, et servez-les. Vous pouvez encore les servir après les avoir pelées : vous les coupez par tranches et les arrangez dans un compotier avec du sucre fin dessus et dessous.

Compote de marrons.

Prenez des marrons, ôtez-en la première peau, faites les griller au four ; mettez-les dans une serviette pour qu'ils conservent leur chaleur et qu'ils achèvent de cuire : ôtez leur la seconde peau ; mettez-les dans une assiette d'argent, avec un peu de sucre clarifié; faites-les mitonner ; ajoutez-y les zestes et le jus d'une bigarade : saupoudrez-les de sucre ; glacez-les avec une pelle rouge , et servez-les chaudement.

Compote de groseilles vertes.

Prenez de belles groseilles vertes , fendez-les d'un côté, ôtez-en les petites graines qui se trouvent dedans avec le bec d'une plume, faites-les blanchir dans de l'eau assez chaude, mais qui ne bouille pas. Vous les descendrez du feu quand elles monteront au-dessus de l'eau; vous les laisserez reposer et refroidir ; vous les égoutterez et les mettrez dans du sucre clarifié, cuit au petit lissé; vous leur ferez jeter une vingtaine de petits bouillons ; vous retirerez la poêle du feu, et les laisserez refroidir pour leur donner le temps de prendre le sucre; vous enlèverez légèrement l'écume, et les remettrez sur le feu, où vous leur ferez encore jeter cinq à six bouillons ; vous les laisserez refroidir, et les mettrez dans le compotier. Vous ferez cuire le sirop à la nappe, l'écumerez et le jetterez sur les groseilles.

Compote d'épine-vinette.

Ayez de l'épine-vinette grosse et mûre, d'une belle couleur rouge, épluchez-la : faites cuire du sucre clarifié à la plume; jetez-y de l'épine-vinette, et faites-lui donner sept à huit bouillons; écumez-la, et dressez-la dans le compotier.

DES MARMELADES.

Marmelades d'abricots ou de pêches.

Choisissez les plus beaux, mais pas trop mûrs, de l'un de ces fruits : pelez-le, ôtez-en les noyaux, et mettez-le dans un vase de faïence : votre fruit étant préparé de la sorte, clarifiez du sucre en assez grande quantité pour que le fruit puisse baigner à l'aise dans le sirop ; faites-le cuire au lissé : ce sirop étant un peu refroidi, vous le verserez sur les abricots ou pêches dans la terrine, et vous y laisserez votre fruit tremper pendant vingt-quatre heures : après quoi vous retirerez encore vos abricots ou pêches du sirop, que vous remettrez sur le feu , vous lui ferez faire douze à quinze bouillons, et vous le reverserez de nouveau sur vos pêches ou abricots. Répétez cette cuisson toutes les vingt-quatre heures pendant six jours : il faut à chaque cuisson y ajouter un morceau de sucre, et peu à peu le cuire plus long-temps et plus épais. A la dernière cuisson il doit être au grand perlé : vous y versez alors votre fruit, et le laisserez cuire dans le sucre pendant quelques minutes. Il faut se garder de remuer le fruit avec l'écumoire, parce que ces fruits étant très délicats, sont sujets à se lâcher. Après trois ou quatre bouillons, ôtez la poêle de dessus, et mettez votre fruit dans des bocaux de verre ou de faïence.

Marmelade de fraises.

Épluchez, lavez, faites égoutter et passer au tamis une demi-livre de fraises pour les mettre en marmelade; faites cuire une livre de sucre à la grande plume, et mettez-y votre marmelade pour la délayez avec le sucre; en la remuant toujours sur un feu moyen sans qu'elle bouille; puis vous la mettrez dans des pots. Vous vous réglerez sur cette dose pour la quantité que vous voudrez faire.

Marmelade de framboises.

Epluchez et passez au tamis deux livres de framboises pour les réduire en marmelade; placez cette marmelade sur le feu pour la faire dessécher jusqu'à ce qu'elle soit près de s'attacher à la poêle; mettez-la ensuite dans une livre de sucre cuit à la grande plume, et faites lui faire quelques bouillons en la remuant toujours : versez-la après dans vos pots.

Marmelade de cerises.

Faites cuire à la grande plume deux livres de sucre ; ensuite mettez-y quatre livres de cerises, après leur avoir ôté les noyaux et les queues;

remuez-les avec le sucre, et faites-les bouillir ensemble, jusqu'à ce que le sirop se colle dans les doigts; ôtez alors la marmelade du feu pour la mettre dans des pots.

Marmelade ordinaire d'abricots.

Coupez le plus mince que vous pourrez six livres d'abricots point trop mûrs, et mettez-les à mesure dans un chaudron bien propre, avec les amandes coupées aussi très fin : pilez quatre livres et demie de sucre, et joignez-les aux abricots; placez votre chaudron sur un feu clair, et remuez toujours avec une écumoire, de crainte que la marmelade ne s'attache au fond : lorsque les abricots sont avancés de cuire, vous descendrez de temps en temps le chaudron pour écraser les morceaux d'abricots qui ne se mettent point en marmelade : faites-la cuire jusqu'à ce qu'elle se colle dans vos doigts, sans trop de résistance : en prenant de cette marmelade dans les doigts, en les appuyant l'un contre l'autre; vous la mettrez ensuite dans des pots. Cette façon, quoique simple, est très bonne.

Marmelade de prunes.

Prenez la quantité de prunes que vous jugerez à propos : ôtez-en les noyaux et faites-les bouillir sur le feu avec un peu d'eau, jusqu'à ce qu'elles se mettent en marmelade : passez-les dans un tamis : remettez ce que vous aurez passé sur le feu, et faites-le bouillir jusqu'à ce que la marmelade soit prête à s'attacher à la poêle : ensuite vous la pesez et la versez dans autant de sucre cuit au cassé que vous avez de marmelade : vous la délayez avec le sucre, en les remuant ensemble sur le feu seulement, jusqu'à ce qu'elle frémisse : mettez-la dans des pots quand elle est refroidie, et un peu de sucre fin par-dessus.

Marmelade de poires.

Faites cuire dans l'eau, jusqu'à ce qu'elles soient tendres sous les doigts, la quantité de poires de rousselet que vous jugerez à propos : ôtez-en la peau et ne prenez que la chair que vous passez dans un tamis : mettez cette marmelade sur le feu et remuez-la jusqu'à ce qu'elle soit prête à s'attacher à la poêle : ensuite vous la pesez et la versez dans autant de sucre cuit à la grande-plume : vous la délayez avec le sucre sur le feu : quand elle commencera à frémir, vous la mettrez dans des pots, et lorsqu'elle sera froide, vous la saupoudrez de sucre fin.

Marmelade de pêches.

Vous pelez des pêches qui ne soient pas trop mûres, vous en ôtez les noyaux, vous les coupez en petits morceaux, et vous faites cette marmelade comme celle ordinaire d'abricots.

Marmelade de coings.

Prenez des coings bien mûrs, pelez-les et coupez-les en morceaux oblongs : versez-les dans de l'eau bouillante. S'ils commencent à s'amollir, retirez-les de la poêle et versez-les dans de l'eau fraîche : étant blanchis et refroidis, vous les laisserez égoutter sur un tamis. Le reste du procédé est le même que pour les abricots et pêches.

Marmelade de pommes.

Faites bouillir des pommes de reinette entières dans de l'eau, jusqu'à ce qu'elles fléchissent sous le doigt : retirez-les à l'eau fraîche pour leur ôter la peau : passez en la chair au travers d'un tamis, en la pressant fort : mettez la marmelade passée dans une poêle pour la faire dessécher sur le feu, jusqu'à ce qu'elle soit épaisse : faites cuire à la grande-plume, autant pesant de sucre que de marmelade : mêlez-les ensemble en les remuant avec une spatule ou une cuillère de bois : remettez sur le feu, seulement pour faire chauffer, en remuant toujours : lorsque votre marmelade commencera à bouillir, vous l'ôterez et la mettrez dans des pots quand elle sera un peu refroidie : ne couvrez les pots que lorsqu'ils seront tout-à-fait froids.

DES GELÉES.

Gelée de groseilles.

Otez tout ce qu'il y a de vert dans vos groseilles, qui doivent être bien mûres et rouges, les blanches n'étant pas aussi bonnes pour faire de la gelée : écrasez-les et exprimez-en le suc dans une grande terrine vernissée : mettez cette terrine avec le suc bien couvert dans une cave ou autre lieu froid pendant six jours : après cet espace de temps, enlevez doucement et avec précaution la peau épaisse qui se trouve alors sur le suc : versez le suc par inclinaison dans un autre vase, et jetez ce qui est resté au fond du premier vase, afin que votre suc se trouve parfaitement clair : pesez-le ensuite, et prenez pour chaque livre une demi-livre de sucre concassé : mettez-les ensemble dans une poêle au feu : il montera d'abord beaucoup d'écume,

qu'il faut avoir grand soin d'enlever souvent.
Laissez cuire le tout pendant une heure environ, et faites alors l'épreuve suivante : Mettez
quelques gouttes de suc sur une assiette bien
froide : si ce suc, étant refroidi sur l'assiette,
est devenu épais et en consistance de gelée,
vous retirerez la poêle du feu, sinon vous la
laisserez encore jusqu'à ce qu'il soit au point
désiré. Il faut mettre la gelée toute chaude dans
des petits pots de faïence, et les faire refroidir
avant de les couvrir avec du papier.

Gelée de framboises.

Prenez deux tiers de framboises et un tiers
de groseilles rouges, ôtez-en tout le vert, et
exprimez-en le suc, que vous laisserez, comme
le précédent, se clarifier, couvert, dans une
cave, mais pendant trois jours seulement. Le
reste du procédé est le même que ci-dessus.

Gelée de coings.

Prenez vingt beaux coings, essuyez-les, coupez-les par morceaux, et mettez-les cuire dans
six pintes d'eau : faites-les réduire à deux pintes :
versez ce jus et les coings sur un tamis, au-
dessous duquel vous aurez eu le soin de mettre
une terrine : laissez égoutter vos coings : passez-
en le jus à la chausse, et pesez-le. Prenez le
même poids de sucre clarifié, faites-le cuire au
cassé, jetez-y le jus de coings, et faites cuire le
mélange au même degré que la gelée de pommes.
Si vous voulez que la gelée soit rouge, mettez-
un peu de cochenille préparée : écumez-la et
et versez-la dans les pots.

Gelée de groseilles à la bourgeoise.

Mettez les groseilles dans la poêle, et faites-les fondre sur le feu en leur faisant faire un bouillon en deux : mettez-les ensuite égoutter sur un tamis. Mesurez votre jus, et mettez autant de pintes de sucre clarifié dans une autre poêle bien propre : faites-le cuire au cassé, et jetez-y votre jus de groseilles, puis faites faire à votre mélange deux bouillons ouverts : écumez bien, et versez votre gelée dans les pots.

DES CONSERVES.

Conserve de groseilles.

Pour faire cette conserve, on prend deux livres de groseilles rouges égrenées, qu'on met dans une bassine d'argent sur le feu. On en laisse évaporer l'humidité, puis on les presse sur un tamis pour en séparer la pulpe : on la remet sur le feu, et on remue jusqu'à ce qu'elle soit assez desséchée pour laisser voir le fond de la bassine.

On fait fondre trois livres de sucre qu'on laisse cuire au cassé; on le verse sur la groseille, et l'on remue avec la spatule jusqu'à ce qu'il boursouffle; alors on le verse dans des moules ou caisses. Il faut prendre garde de ne le pas laisser attacher à la bassine.

Conserve de framboises.

Il faut prendre une livre de framboises avec quatre onces de groseilles rouges, que l'on passe au tamis de crin : on les dessèche à petit feu jusqu'à ce qu'elles se réduisent à moitié. On faire cuire à la plume une livre un quart de sucre; on le remue jusqu'à ce qu'il blanchisse, on le laisse refroidir un peu, et y on mélange le fruit : on le remue, et on le verse dans les moules ou caisses.

Conserve de cerises.

Prenez une livre de cerises sans noyaux et deux onces de groseilles rouges proprement égrenées; vous les mettrez dans une bassine d'argent, sur un feu modéré, et les y laisserez jusqu'à ce qu'elles se réduisent à un quarteron à peu près. Vous aurez eu soin de faire cuire une livre et demie de sucre au grand cassé; vous y jetterez vos fruits, et remuerez le tout ensemble jusqu'à ce qu'il commence à boursouffler : votre conserve alors est bonne à verser dans des caisses de papier.

Conserve d'abricots et de pêches.

Pour faire cette conserve, vous prendrez des abricots blancs à demi-mûrs, vous les pèlerez et les couperez par petites tranches; vous les ferez dessécher sur un feu doux; vous mettrez quatre onces de fruits par livre de sucre; vous ferez cuire ce sucre à la plume un peu forte; quand il sera presque refroidi, vous mettrez le fruit dedans; vous aurez soin de bien remuer avec une cuillère pour que le tout soit délayé; vous dresserez cette conserve en petites pâtes.

On peut faire de même la conserve des pêches.

Conserve au chocolat.

Faites fondre un quarteron de chocolat râpé dans une petite partie du sucre clarifié; faites cuire une livre de sucre à la première plume, et mettez votre chocolat dedans; vous le remuerez pour le délayer, et dresserez cette conserve toute chaude.

Conserve d'oranges.

Prenez une orange et rapez-la de tous côtés, jusqu'au jus, en la frottant contre un morceau de sucre, du poids d'une livre, et enlevez la superficie de ce sucre avec un couteau, à mesure que la râpure s'y attache : pressez dans votre râpure la moitié du jus de l'orange; ensuite, faites fondre votre livre de sucre à la grande plume; ôtez-le de dessus le feu, laissez-le reposer un peu, et jetez-y votre orange en la remuant avec la cuillère jusqu'à ce qu'il se forme une petite glace sur le sucre; vous versez alors votre conserve dans vos moules, en ayant bien soin qu'elle ne soit pas trop chaude.

On peut faire, avec les mêmes doses et de la même manière, des conserves au cédrat, au citron, à la Bergamotte.

Conserve de jus de citron.

Prenez trois citrons, dont vous exprimerez le jus dans une bassine d'argent, que vous laisserez réduire à moitié sur un feu modéré, puis ajoutez-y une livre de sucre cuit au cassé : suivez la méthode enseignée précédemment.

Vous pouvez faire de la même manière les conserves indiquées à la fin de l'article précédent.

Gâteaux de fleur d'orange.

Faites cuire deux livres de sucre à la grande plume; mettez-y une livre de fleur d'orange, et faites cuire le sucre au petit cassé; vous le retirerez et y mettrez une demi-cuillerée de blanc d'œuf fouetté avec du sucre en poudre passé au tamis; vous remuerez bien avec une spatule; ce mouvement fera monter le sucre;

lorsqu'il sera retombé, vous remuerez encore,
il montera une seconde fois ; ensuite vous verserez la conserve dans des moules ou caisses de
papier que vous aurez eu soin de graisser avec
de l'huile d'olives et de saupoudrer avec du
sucre en poudre passé au tamis.

Les gâteaux de fleur d'orange grillée se font
de même, à l'exception qu'il faut auparavant
praliner et griller les fleurs.

Raisiné.

Prenez la quantité de raisin que vous jugerez à propos, égrenez-le et pressez-le à mesure
dans le chaudron où vous devez le faire cuire ;
mettez-le sur un feu clair, et, à mesure qu'il
bout, ôtez-en les pepins le plus que vous pourrez avec une écumoire ; laissez-le réduire au
tiers, et ayez soin de diminuer le feu à mesure qu'il épaissit ; remuez-le souvent avec une
spatule de bois, de crainte qu'il ne brûle : puis
retirez-le pour le passer au travers d'un linge
blanc, en le pressant bien fort avec les mains :
cela fait, remettez-le sur le feu pour lui faire
faire encore quelques bouillons, en le tournant
continuellement jusqu'à ce qu'il ait pris de la
consistance ; puis vous le retirerez tout-à-fait
du feu pour le verser de suite dans des terrines ;
quand il sera à moitié refroidi, vous le mettrez dans des pots que vous laisserez découverts
cinq ou six jours, et que vous couvrirez alors
de papier. Visitez de temps en temps votre rai-
siné : si le papier se moisit, vous l'ôterez et en
remettrez d'autre, et continuez ce soin jusqu'à
ce que toute l'humidité en soit évaporée ; alors,
s'il est bien cuit, il ne se gâte plus. Au cas où

vous vous apercevriez qu'il ne le fût pas assez ;
vous le feriez recuire un peu , pour ensuite le
couvrir en dernier lieu.

DES SIROPS.

Sirop de groseilles framboisé.

Prenez deux livres de groseilles un peu avant
qu'elles soient tout-à-fait mûres, une livre de
belles cerises et autant de framboises; ôtez les
noyaux et tout ce qu'il y a de vert dans ces
fruits : exprimez-en le suc dans une terrine ;
passez ce suc dans un tamis, et laissez-le reposer pendant vingt-quatre heures dans une cave-
ensuite retirez la peau qui sera formé sur ce
suc, et passez-le par la chausse jusqu'à ce qu'il
soit parfaitement clair. Le parfum de la fram,
boise est assez volatil ; il pourra bien arriver
que votre suc n'en soit que très faiblement im-
prégné; pour remédier à ce défaut prenez une
certaine quantité de frambroises bien mûres ,
c'est-à-dire, proportionnellement à la quantité
du suc clarifié que vous aurez obtenue ; mettez
infuser ces frambroises dans votre suc pendant
trois ou quatre jours, après quoi versez le tout
dans un tamis de soie; laissez filtrer tranquil-
lement la liqueur sans presser les frambroises.
Pour huit onces de ce suc , prenez quinze onces de sucre concassé ; mettez l'un et l'autre
dans un matras, d'abord le suc, ensuite le
sucre, placez le matras au bain-marie sur un feu
modéré; quand le sucre sera tout-à-fait fondu,
vous laisserez éteindre le feu et refroidir le
vaisseau , après quoi vous verserez le sirop
dans les bouteilles ou fioles longues destinées à
cet usage.

Sirop de mûres.

Prenez deux livres de mûres, un peu avant leur parfaite maturité, parce que, si vous attendiez qu'elles fussent parfaitement mûres, votre sirop serait fade, et pour être bon il doit être un peu aigrelet; réduisez en poudre deux livres de sucre, que vous mettrez dans une poêle à confiture avec les deux livres de mûres; donnez-vous bien de garde d'écraser le fruit, car votre sirop resterait trouble; mettez la poêle et ce qu'elle contiendra sur un feu très modéré : la chaleur fera bientôt crever les mûres, qui, par ce moyen, rendront tout leur suc parfaitement clair, et ce suc dissoudra le sucre en poudre; faites jeter quelques bouillons au mélange : vous reconnaîtrez le juste degré de la cuisson en faisant tomber d'un peu haut sur une assiette de faïence, du sirop que vous aurez pris dans une cuillère : s'il n'éclabousse point, et qu'il fasse comme un bourrelet antour de l'endroit où il sera tombé, vous jugerez qu'il sera suffisamment cuit; retirez alors la poêle du feu; et, lorsque le tout sera à peu près refroidi, vous le mettrez en bouteilles.

Sirop de verjus.

Prenez du verjus bien vert : écrasez-le dans une terrine; passez-le d'abord au tamis, et ensuite par la chausse jusqu'à ce qu'il soit bien clair ; faites cuire ensuite trois livres de sucre à la petite plume ou au soufflé; versez dans la poêle et sur le sucre six livres de jus de verjus; mettez le tout sur un très grand feu, de crainte que le sirop ne contracte un œil roux; faites-le cuire au perlé, retirez la poêle du feu, laissez refroidir votre sirop à demi , ensuite mettez-le en bouteilles.

Sirop de cerises.

Prenez des cerises noires, aigres, si vous pouvez en avoir, sinon servez-vous de cerises communes ; ôtez-en les noyaux et exprimez-en le suc ; laissez reposer ce suc dans une terrine placée dans un lieu frais pendant vingt-quatre heures pour le clarifier : versez alors doucement votre suc dans une poêle ; ajoutez pour chaque livre de suc deux livres de sucre concassé et deux gros de cannelle que vous avez mis la veille infuser dans un verre d'eau ; enfermez la cannelle dans un petit linge, et mettez ce petit sachet avec l'eau dans laquelle on a infusé la cannelle dans la poêle ; faites cuire votre sirop pendant une demi-heure, ayant soin de l'écumer ; quand vous jugerez qu'il sera assez cuit, retirez la poêle du feu, enlevez le petit sachet, exprimez le bien , et quand le sirop sera refroidi, vous le mettrez en bouteilles.

Sirop de guimauve.

· Prenez six onces de racines de guimauve récente ; lavez-les à plusieurs reprises pour en emporter toute la terre ; ôtez-en la première écorce, en les ratissant légèrement ; coupez-les par tranches, faites-les bouillir dans quatre litres d'eau, sept ou huit minutes seulement, parce que les racines de guimauve, en bouillant plus long-temps, formeraient un mucilage capable de gâter votre sirop ; passez cette décoction par un tamis , pour en séparer les racines; faites-y fondre six livres de sucre; clarifiez le mélange au blanc d'œuf, comme nous l'avons enseigné : écumez-le avec soin ; faites-le cuire au petit perlé ; retirez promptement la poêle du feu : laissez refroidir votre sirop et mettez-le en bouteilles.

Sirop de capillaire.

Le capillaire du Canada , quoique celui de Montpellier soit aussi bon, est un végétal qui contient un principe odorant , léger et fort agréable ; ce principe , extrêmement volatil, se dissipe , en grande partie pendant la cuisson du sirop, de manière qu'après la cuisson il ne reste guère que la partie extractive de la plante. Il faut donc , si l'on désir conserver à ce sirop l'odeur du capillaire, le verser tout bouillant, lorsqu'il est suffisamment cuit, sur du nouveau capillaire haché grossièrement, bien couvrir le vaisseau , et le laisser ainsi en infusion jusqu'à ce qu'il soit entièrement refroidi ; on le passe ensuite par une étamine pour séparer les feuilles du capillaire ; moyennant cette double infusion, le sirop contracte un goût et une odeur de capillaire qui embaume. Cette observation supposée, prenez une once de capillaire du Canada; mettez-la dans une terrine vernisée ; versez par-dessus quatre livres d'eau bouillante : laissez durer l'infusion pendant douze heures , et sur la cendre chaude ; exprimez et coulez cette infusion ; elle vous donnera une forte teinture de capillaire : faites fondre dans cette teinture quatre livres de sucre; mettez le tout sur le feu dans une poêle à confiture, et clarifiez-le au blanc d'œuf, selon ce que nous avons dit à ce sujet : continuez la cuisson ; quand votre sirop sera au perlé , versez-le promptement sur de nouveau capillaire haché, que vous aurez mis dans une terrine; couvrez bien cette terrine, et quand vous verrez que le sirop refroidira, vous l'aromatiserez, si vous le voulez : étant parfaitement refroidi, mettez-le en bouteilles et bouchez-le hermétiquement.

Sirop d'orgeat.

Prenez une livre et demi d'amandes douces et une demi-livre d'amandes amères; jetez-les dans de l'eau bouillante, mais hors du feu; il faut les y laisser tremper jusqu'à ce que la peau puisse s'en séparer facilement; versez-les dans de l'eau fraîche; après quelques minutes, épluchez-les, lavez-les ensuite dans de l'eau fraîche; pilez-les dans un mortier de marbre; mêlez-y de temps en temps un peu d'eau, que vous prendrez sur une pinte d'eau dont le reste vous servira dans le cours de l'opération, pilez bien vos amandes jusqu'à ce qu'on n'en aperçoive aucun fragment; délayez cette pâte avec la plus grande partie de l'eau dont nous venons de parler; réservez-en seulement six onces; passez la pâte délayée au travers d'une toile forte, au moyen de deux personnes qui l'exprimeront fortement; remettez le marc exprimé dans le mortier; pilez-le de nouveau en ajoutant peu à peu, le reste de l'eau que vous avez réservée; passez de nouveau le mélange par le linge, et retirez en tout ce que vous pourrez par expression; mêlez vos deux produits ensemble : c'est ce qu'on appelle lait d'amandes.

Mettez ce lait d'amandes dans une poêle avec deux livres de sucre royal pilé grossièrement; le sirop ayant commencé à bouillir, ajoutez-y

la valeur d'une tasse à café d'eau de fleur d'o-
range, et après deux ou trois bouillons, retirez
la poêle du feu, laissez refroidir le sirop, et
mettez-le dans de petites bouteilles que vous
boucherez bien.

DES CRÊMES ET FROMAGES DE DESSERT.

Crême de fraises.

Prenez plein un demi-setier de fraises épluchées, lavées et égouttées, que vous pilez dans
un mortier : faites bouillir trois demi-setier de
crème avec un demi-setier de lait et de sucre ;
laissez-les réduire à moitié, puis un peu refroidir, et mettez-y vos fraises pour les délayer
ensemble ; délayez aussi, gros comme un grain
de café de présure, que vous metterez dans la
crême lorsqu'elle ne sera plus que tiède ; passez-
la tout de suite dans un tamis, et mettez la dans
un compotier qui puisse aller sur la cendre
chaude ; placez ce compotier sous un couvercle, avec de la cendre chaude dessus ; quand
votre crème sera prise, vous la mettrez dans
un endroit frais ou sur la glace, jusqu'à ce que
vous serviez.

Crême de framboises.

Elle se fait de la même manière que celle de
fraises, à la différence qu'en retirant la crême
du feu ; quand elle est assez réduite, vous y
mettrez deux jaunes d'œufs délayés auparavant
avec deux cuillerées de crême ; remettez un
instant sur le feu en remuant la crême seulement, pour faire cuire les œufs sans bouillir,

de crainte qu'elle ne tourne; ensuite vous finirez comme ci-dessus.

Crême fouettée.

Prenez une pinte de bonne crême; mettez-la dans une terrine avec un peu de fleur d'orange pralinée, haché très fine, un demi-quarteron de sucre fin, et gros comme une noisette de gomme adragante pulvérisée, fouettez votre crême avec un ballet d'osier ou de bouleau, et à mesure qu'elle mousse, vous l'enlevez avec une écumoire pour la mettre sur un tamis, un plat dessous, pour recevoir ce qui en dégoutte; vous continuez à fouetter la crême jusqu'à ce qu'il n'en reste plus dans la terrine, et si vous n'en avez pas assez, vous prendrez celle qui a dégoutté du tamis, que vous fouetterez encore; dressez votre crême dans un compotier. Il y a des personnes qui la garnissent de citrons confits coupés en filets. Elle se sert plus communément dans son naturel. Ceux qui aiment le citron, peuvent mettre un peu de citron vert haché très fin dans la crême, avant de la fouetter; pour lors il n'est pas besoin de citron confits. Cette crême se dresse dans le compotier en forme de dôme ou de plusieurs petits rochers.

Fromage naturel à la crême.

Faites tiédir sur le feu une chopine de bon lait; mettez-y, tout en remuant, gros comme un pois de bonne présure délayée avec du même lait; faites prendre votre caillé sur un peu de cendres chaudes, en le couvrant et mettant un peu de cendres également chaudes sur le couvercle; quand il sera pris, vous le mettrez dans un petit panier d'osier fait pour ces petits fromages, et lorsqu'il sera bien égoutté, vous le presserez dans le compotier et le servirez avec de la crême et du sucre fin dessus.

Fromage fouetté.

Hachez très fin un peu d'écorce de citron vert, et mettez-le dans une terrine, avec trois demi-setiers de crême bien épaisse, et gros comme un pois de gomme adragante en poudre; fouettez votre crême, et à mesure que la mousse est épaisse, vous l'enlevez avec l'écumoire, pour la mettre dans une panier d'osier dont vous garnissez le fond d'un morceau de mousseline, s'il est trop clair; lorsque la crême est toute fouettée, vous laissez égoutter le fromage jusqu'à l'instant de servir; alors vous le renversez dans un compotier et jetez du sucre fin dessus.

Fromage à la glace.

Prenez une chopine de bonne crême, de la double, si vous voulez, un demi-setier de lait, un jaune d'œuf, trois quarterons de sucre; faites au tout cinq ou six bouillons et retirez-le du feu; mettez-y ensuite quelqu'essence, comme fleur d'orange, bergamotte, lime-douce ou citron, puis versez-le dans un moule de fer-blanc; placez votre moule dans un petit sceau proportionué à sa grandeur, après avoir mis dans le fond de la glace bien pilée, une poignée de sel ou salpêtre; continuez à mettre autour, et jusqu'au haut du moule, de la glace et du salpêtre : quand votre fromage sera glacé et que vous serez prêt à servir, vous tremperez le moule du fromage dans de l'eau que vous tiendrez toute chaude, pour le faire détacher, et vous dresserez le fromage dans une jatte : il faut le manger dans le moment.

Biscuits de Savoie.

Après avoir pris douze œufs, douze onces de farine et vingt onces de sucre en poudre ; vous cassez vos œufs et séparez les jaunes des blancs, vous les battez à part, les premiers avec le sucre, et les autres jusqu'à ce qu'ils soient en neige ; vous les mêlez ensuite, ainsi que la farine, après l'avoir passée au tamis de soie et fait sécher à l'étuve ; vous y ajoutez la râpure d'un citron. Votre mélange étant bien fait, remplissez de votre pâte les moules de fer-blanc ou de cuivre étamé, faits en forme de turban, que vous avez auparavant graissés de beurre frais fondu, en frottant avec un pinceau les parois du moule ; vous les glacez avec du sucre et un peu de farine mêlés ensemble, et vous les mettez dans un four médiocrement chaud.

Lorsqu'ils sont cuits, vous les retirez du four et les ôtez des moules. Lorsqu'on veut en dresser à la cuillère, on les coupe avec un couteau pendant qu'ils sont chauds.

Massepains.

Pilez une livre d'amandes douces, après les avoir épluchées et émondées ; arrosez-les de trois blancs d'œufs, en les pilant ; mêlez-les ensuite avec de la marmelade d'abricots ou autres confitures qui ne soient point liquides, et de la fleur d'orange confite et pilée ; quand le tout est bien mêlé, vous mettez vos amandes dans une casserole avec du sucre en poudre, et les faites dessécher sur le feu ; alors vous les mettez sur une table, et les maniez avec du sucre fin, en en ajoutant, jusqu'à ce que la pâte ne tienne plus dans vos mains ; roulez-les ensuite pour en former les massepains de telle figure que vous voulez. Vous fouettez six blancs d'œufs à demi, et les mêlez avec du citron vert haché ; vous trempez dedans les massepains, puis dans du sucre fin, et leur en faites prendre autant qu'ils le peuvent ; vous les dressez sur des feuilles de papier blanc que vous placez sur des feuilles de cuivre, et vous les faites cuire au four d'une chaleur modérée. Pour être sûr du four, mettez un peu de pâte sur une carte, si la carte prend couleur, c'est une marque que le four est trop chaud.

Poires séchées à la façon de Reims.

La poire de rousselet est celle qu'on prend ordinairement pour faire sécher à la façon de Reims. On en fait autant de celle de doyenné, parce qu'elle est bonne et ne peut se garder long-temps que par ce moyen.

On pèle ses poires de haut en bas, on ramasse un peu la queue et on l'écourte ; on les jette à mesure dans de l'eau fraîche, puis on les fait bouillir jusqu'à ce qu'elles fléchissent sous les doigts ; on les retire une à une avec l'écumoire, pour les jeter de nouveau dans de l'eau fraîche : on met du sucre dans de l'eau (une livre dans deux pintes, pour un demi cent de poires), et, quand il est fondu, on y met ses poires bien égouttées pour les y laisser deux heures ; on les dresse ensuite sur des clayons, la queue en haut, et on les fait passer la nuit dans un four d'une chaleur douce, comme comme quand on a retiré le pain ; le lendemain on retrempe ses poires dans l'eau de sucre, et on les remet de même manière dans le four, en continuant ainsi pendant quatre jours : le dernier jour vous ne les retirerez que quand elles seront tout-à-fait sèches. On les conserve après, dans un endroit sec, aussi long-temps qu'on veut.

Fruits secs sans être confits.

Prenez des cerises bien mûres qui ne soient point tournées ; arrangez-les sur des claies sans les entasser les unes sur les autres ; laissez-leur les queues et mettez-les sécher dans un four d'une chaleur douce, comme quand on vient de tirer le pain ; vous les y laisserez tant que le four aura de chaleur, puis vous les retirerez pour les retourner, et les remettrez encore au four avec la même chaleur, jusqu'à ce que vous jugiez qu'elles soient aussi sèches ; alors vous les laisserez refroidir, les lierez en petits bouquets et les serrerez dans un lieu sec.

Les prunes se sèchent de la même façon ; il faut les cueillir très mûres ; celles qui tombent d'elles-mêmes sont les meilleures, parce qu'elles ont plus de chair et sont d'un meilleur goût.

Les pêches se sèchent comme les prunes, à cette différence que celles qui sont cueillies à l'arbre valent mieux que celles qui sont tombées. Vous les fendez par le milieu et en ôtez le noyau ; quand elles sont à moitié sèches, vous les mettez sur une table bien propre et les aplatissez pour qu'elles sèchent également ; vous les remettrez après au four jusqu'à ce qu'elles soient entièrement sèches.

Les abricots se font de la même façon, à la réserve que l'on en fait sortir le moyen sans les ouvrir.

Les poires se sèchent pelées ou non pelées. La première méthode est la meilleure. Vous mettez les poires, avec la peau, dans un chaudron plein d'eau; vous les faites bouillir jusqu'à ce qu'elles commencent à s'amollir; vous aurez soin, en les pelant, de leur laisser la queue, et vous les ferez ensuite sécher au four de la même manière que les prunes.

DES RATAFIAS.

Ratafia de cerises.

Prenez dix livres de cerises que vous écraserez, mettez-les dans une cruche avec deux pintes d'eau-de-vie; bouchez bien la cruche, et laissez infuser les cerises pendant cinq à six jours, au bout desquels vous presserez vos cerises dans un linge, afin d'en tirer le jus; faites bouillir cinq livres de belles groseilles avec trois livres de sucre; pressez-les comme les cerises; mêlez vos jus ensemble; mesurez-les et mettez pinte pour pinte d'eau-de-vie; ajoutez-y une livre d'amandes de cerises, une demi-livre de coriandre, un peu de macis, quelques clous de girofle, un peu de cannelle; il faut que le tout soit bien pilé avant de le mettre dans une cruche, qu'on remplit ensuite avec la liqueur; bouchez bien cette cruche, laissez-y les ingrédiens s'infuser pendant six semaines, après laquelle vous passerez votre ratifia à la chausse, et vous en remplirez des bouteilles que vous boucherez avec soin.

Ratafia de noyaux.

Prenez cinq onces d'amandes nouvelles, de pêches ou d'abricots, pelez-les et concassez-les avec dix-huit grains de cannelle; mettez le tout infuser pendant quatre mois dans une pinte d'eau-de-vie; passez cette infusion par un tamis; faites fondre une demi-livre de sucre dans un verre d'eau; ajoutez-le à la liqueur; filtrez alors votre ratafia et mettez-le en bouteilles.

Ratafia de cassis.

Prenez une livre de cassis, une demi-livre de merises, un quarteron de feuilles de cassis et un demi-gros de cannelle. Ecrasez les merises et le cassis, hachez les feuilles de cassis et concassez la cannelle; mettez infuser pendant trois semaines tous ces ingrédiens dans trois pintes d'eau-de-vie. Ensuite, faites fondre deux livres de sucre dans une chopine d'eau, laissez reposer la liqueur, passez-la à la chausse, et mettez-la dans des bouteilles que vous boucherez bien.

Ratafia de fleur d'orange.

Prenez une demi-livre de fleurs d'orange, épluchez-les bien; faites fondre trois livres de sucre dans une quantité suffisante d'eau; mettez-la sur le feu dans une bassine, jetez-y les fleurs d'orange, faites-lui donner un bouillon, laissez-la refroidir, et mettez-la dans une cruche; versez par-dessus trois pintes d'eau-de-vie; bouchez votre cruche; laissez infuser ce mélange pendant quinze jours; au bout de ce temps, votre ratafia est bon à filtrer et à mettre en bouteilles.

Ratafia de genièvre.

Prenez trois onces de graines de genièvre, dix-huit grains d'anis, dix-huit grains de coriandre, autant de cannelle et de girofle; concassez tous ces aromates et ces graines, faites-les infuser pendant un mois dans une pinte et demie d'eau-de-vie, passez votre infusion par un tamis, ajoutez-y trois quarterons de sucre fondu dans un verre d'eau, et quand vous aurez passé votre ratafia à la chausse, il sera bon à mettre dans des bouteilles que vous aurez soin de bien boucher.

Vespétro.

Prenez une demi-livre de graines d'angélique, une demi-livre de coriandre, une demi-livre de fenouil et une demi-livre de carvi, les zestes de quatre ou cinq citrons et ceux de quatre ou cinq oranges; mettez infuser, pendant cinq jours, toutes ces substances dans dix pintes d'eau-de-vie; bouchez le vase hermétiquement; ensuite mettez le mélange au bain-marie de l'alambic; la distillation vous donnera environ cinq pintes de liqueur. Faites fondre sept livres de sucre dans quatre pintes d'eau de rivière épurée, ajoutez y vos cinq pintes de liqueur distillée; filtrez le vespétro à la chausse, et mettez-le dans des bouteilles que vous boucherez bien.

FIN.

TABLES DES MATIÈRES.

FIN DE LA TABLE

www.ingramcontent.com/pod-product-compliance
Lightning Source LLC
LaVergne TN
LVHW021540170726
843501LV00004B/1138